「働き方改革」の嘘

誰が得をして、誰が苦しむのか

久原 穏
Kuhara Yasushi

a pilot of wisdom

目次

第三章　日本的雇用の真の問題は何か―――――82

第四章　雇用制度を変えるべきか――

第六章　これからの働き方のヒント――197

「ポスト真実（post-truth）」

世論を形成する際に、客観的な事実よりも、むしろ感情や個人的信条にアピールする方がより影響力をもつ状況を示す言葉（二〇一六年の「その年の言葉＝Word of the year」に選んだオックスフォード英語辞典の定義による）

はじめに

知的障害者が社員の七割以上を占めながら、それでもチョーク業界のトップシェアを維持する日本理化学工業（神奈川県川崎市）。同社の大山泰弘会長は六〇年近く前から障害者の雇用拡大に人生を捧《ささ》げてきた篤志家の経営者として知られる。

その原点は、禅僧との会話だったという。

大山氏は養護学校の先生から頼まれ、断り切れずに知的障害のある少女二人を雇い入れた。二人は毎日、ひたむきに働く。なぜ雨の日も強風の日も、辛《つら》い思いをしながら働きに来るのか、大山氏は理解できなかった。施設で過ごしていれば楽をできるのにと思っていた。

そのことを僧侶に尋ねると、こういう答えだった。

「人間の究極の幸せは四つです。人に愛されること、人に褒められること、人に必要とされること、そして人の役に立つことです。四つの幸せのうち、愛されること以外の三つは『働く』ことで得られる。だから障害がある人たちが働こうとするのは、幸せを求める人間としての証しなのです」

以来、大山氏は、彼女たちがようやく手にした「幸せ」を守らなければならない、と心に決めたのだという。

働くことは健常者にとっても、幸せを得られるはずのものである。だが現実には、どれほどの人が働くことに幸せを感じたり、豊かさを得られたりしているだろうか。

政府が主導して「働き方改革」が進められている。

日本人の働き方に多くの問題があることは言を俟《ま》たないが、何のために働き方改革をするのか、働き方改革で何がどう変わるのか、国民ははたして理解しているのか。ただ政府の言説に踊らされ、言われるままに残業の削減や「生産性向上」運動、副業や兼業に手を広げ、労働は義務とばかりに働きに出ようとしていないだろうか。

政府の言説には、時として「ポスト真実（post-truth）」が紛れ込んでいる。後になって事実と異なることが明るみに出て問題化するのだが、それでは取り返しがつかないことになる。英国の欧州連合（ＥＵ）離脱の是非を問う国民投票しかり、そしてトランプ現象が吹き荒れた米大統領選しかりである。

世に言う「ポスト真実」の時代とは、事実が軽視され、嘘《うそ》がまかり通ってしまいがちな時代といっていい。フェイクニュース、印象操作といった言葉も飛び交っている。

安倍政権が進める働き方改革もまた、ポスト真実があちらこちらに顔をのぞかせている。いや、むしろ要所という要所が、ポスト真実によっていかにも事実のように信じ込ませ、だから働き方改革をしなければいけないのだ、という論理構成になっている。

端的な例を挙げれば、政府や財界が繰り返してきた「だらだらと働いているから長時間労働になり、生産性も低い」との主張だ。国民の多くは「その通りかもしれない」と鵜呑《うの》みにしそうだが、これは全く事実ではない。

本書の中で示しているように、現場の企業や働く人を対象にしたアンケートというエビデンス（evidence ＝証拠）をみれば明々白々だ。「だらだら」でなく「てきぱき」と働いても長時間労働になってしまうのである（詳しくは第三章）。生産性が低いのも、だらだら働きや長時間労働だからではなくほかに理由がある。だから政府や財界の主張は、現場の実情を知らずに思い込みで語っているのか、あるいはポスト真実による意図的な印象操作のどちらかだが、もちろん後者だろう。

また、働き方改革関連法が成立した二〇一八年通常国会では、裁量労働制の対象拡大をめぐって紛糾し、政府側の「裁量労働制で働く人の方が平均的に労働時間は短い」と印象づける答弁が、まさに「ポスト真実」ではないかと問題になった。裁量労働制の方が長時間労働になるという統計結果がほかにあるにもかかわらず、政府は都合のよい不適切な統計データを基に答弁していたことが発覚したのである（安倍晋三首相は後日、裁量労働制の拡大部分を法案から削除させた）。

かように政府の働き方改革は問題山積なのである。一見すると「長時間労働の是正」や「同一労働同一賃金の導入」など、働く人にとってメリットが多となる内容のように思える。だが、子細に目を凝らしてみれば、実態は必ずしもそうではないことがわかる。

看板の長時間労働の是正、同一労働同一賃金は、労働界や生活者が望んできたものと比べると甚だ不十分だ。それ以上に、それら看板の陰に隠れるようにして、「残業代ゼロ制度」などといわれる高度プロフェッショナル制度（高プロ）の創設や裁量労働制の対象拡大、雇用流動化への布石などがちりばめられている。高プロや裁量労働制は、長時間労働是正とは明らかにベクトルが逆である。

看板こそ働く人の視点に立ったものだが、実態は正反対である。なぜ、このような矛盾に満ちたものになったのか。

それは、「世界で一番企業が活躍しやすい国」を掲げる安倍政権が財界・経済界とあうんの呼吸で進めてきた働き方改革だからである。計画の全体に通底するのは、成長戦略として働き方改革を推進したい政権と経済界の思惑であり、企業の業績拡大やその延長線上にある経済成長への期待だけである。

働き方改革とは名ばかりで、働く人よりも働かせる側の論理でつくられた、財界主導の「働かせ方改革」が実態なので、それを覆い隠すには「ポスト真実」が必要だ。つまり「ポスト真実の働き方改革」というのが正しい姿である。

本書で強調したいことは二つある。

一つは、政府が改革の必要性を声高に叫んだり、危機的状況だと訴えたりしたときには鵜呑みにせず、それが真実かどうか慎重に見極めなければならないということだ。

政府は専門家や有識者の提言に基づいた政策だと強調し、「今やらなければ手遅れになる」と危機感を煽《あお》る。巧妙に論点をずらし、世論を誘導して都合よく政策を進めようとするものだ。大事なのは、エビデンスに基づいて物事を判断することである。

働き方改革といった国民生活に大きく影響する問題であれば、なおさらだ。政府の言説に惑わされず、自らが考えをめぐらせなければ危ういのである。無関心や事なかれ主義は、自らに降りかかってきて禍根を残すことになりかねない。

もっといえば、政府や財界が望む改革を許し、これまで日本経済を支えてきた働き方を簡単に失ってしまっていいのかどうか。後世の人から「よく考えもせずに取り返しのつかないことをしてくれた」と言われるようなことは避けなければならない。そんな次世代への責任もある。

強調したいことのもう一つは、働き方改革の本質や根本の方向性がそもそも違うということだ。成長のために働き方を見直せ、というような「上からの通達」への異議申し立てである。一億総活躍社会を実現するという合意や、経済成長に邁進《まいしん》するという前提が国民の間にあるかのような働き方改革――これこそポスト真実である――だが、はたしてそれで良いのか。老いも若きも男性も女性も総動員で、ただ成長を目指し成果を挙げるために働くことが正しいのか。

筆者は成長を否定しているのでも、企業の利潤追求を否定しているのでもない。だが、かつての高度成長を追い求めた時代とは異なり、日本は成熟した経済社会である。成長よりも幸福度を高めることの方が大切だと多くの人が思っている。無理に成長を追求すれば、働く人は成果を求められ、より不幸になるだけだろう。まず幸せに働ける環境をつくり、その結果として企業の繁栄や経済成長が実現するという道筋を描くべきである。働く人を取り巻く厳しい環境を考えれば、さまざまな改革の余地はある。しかし、改革の方向性は、それによって働く人やその家族が幸せになるものでなければ意味はない。かえって不幸が増すようなら、それは改革とはいわない。改悪というべきである。

本書の構成は、プロローグとして、働き方改革の本質を明らかにすべく、焦点の一つであった裁量労働制の拡大をめぐる政権の思惑や策謀、そして蹉跌《さてつ》までをドキュメントとして描き、ここでもポスト真実がカギだったことを明らかにする。

第一章では、「スーパー裁量労働制」の異名があり、国民の警戒感も強い「高プロ」の創設について、政権側と労働者代表が繰り広げた水面下の暗闘を再現。働き方改革の実態を詳《つまび》らかにする。

第二章では、政府がなぜ働き方改革を言い出したか、それは働く人のためではなく、財界を利するためであることの実相を明らかにする。

第三章では、日本人の働き方の真の問題点と背景をまとめ、第四章では、政府がまとめた働き方改革実行計画の細部にまで踏み込んで危うさを指弾する。

第五章では、筆者が欧州に駐在した経験を踏まえ、労働市場改革で成果を挙げたドイツ、そしてまさに改革真っただ中のフランスの実情と対比することで、わが国の働き方改革に欠けた視点を浮かび上がらせたい。

第二章〜第五章では、できるだけポスト真実の実例を交えながらの解説を試みたが、紙幅の関係で残念ながら割愛せざるを得なかったものもある。それでも全体として、働き方改革が虚構の上に成り立っていることが伝わるのではないかと思っている。

第六章では、働き方改革の本質とは企業の経営改革にほかならないと考え、企業レベルの望ましい働き方改革についてページを割き、欧米の新潮流や日本の幸せな働き方を紹介する。エピローグでは、日本的雇用の将来を含め、目指すべき働き方改革の提言を示したい。

働く人の健康や暮らしを守る労働法制の変更は、きわめて影響が大きい。それだけに慎重さが求められ、経営側の要望を優先しては取り返しのつかないことになる。そのことは、派遣労働法の規制緩和で格差や貧困が顕在化した歴史が如実に物語っている。現状を黙視していては、この国の若い人たちの将来が一層暗いものになりかねないとの危機感を強く訴えたい（本文中の肩書・所属は当時）。

プロローグ　裁量労働制をめぐる欺瞞《ぎまん》

（*post-truth vs evidence*）

「厚生労働省の調査によれば、裁量労働制で働く方の労働時間の長さは、平均的な方で比べれば一般労働者よりも短いというデータもある……」

（二〇一八年一月二九日、衆議院予算委員会での安倍晋三首相の答弁）

財界の要望が強い裁量労働制の対象拡大は、働き方改革の隠された最大の焦点であった。どれだけ働かせても残業代を払わなくていいため、経営者のメリットは大きい。働く側は「長時間労働を助長」「過労死が増える」と反発を強めていた。そんなさなか、「裁量労働制の方が一般の労働者より労働時間は短い」と印象づける国会答弁が首相の口から出たのである。

しかし、野党の追及などで、データは捏造《ねつぞう》といっていいものだと明らかになる。首相は答弁を撤回し、「裁量労働制の拡大」を働き方改革法案から削除せざるを得なくなった。

このデータ捏造疑惑は、働き方改革が「ポスト真実」にまみれていることの典型例である。同時に、働き方改革の実相が「財界のための働かせ方改革」であることも露呈した。

疑惑を追及されると文書（原票）はないと言い逃れ、それが虚偽だとばれると、責任はすべて官僚に押し付けられた。森友学園への国有地売却スキャンダルと構図が酷似している。

告発のツイート

「昨日の質疑で、データ出所が平成二十五年労働時間等総合実態調査であることが明らかにされたようですね。けれどこのデータから何かを語るのは、非常に問題ありです。小細工と言ってもいい」

ツイッターの、このたった一〇〇字程度のつぶやきがすべての始まりだった。発信者は

「Mitsuko_Uenishi」。二〇一八年二月一日午後五時二八分〇七秒に投稿された。

法政大学キャリアデザイン学部の上西充子《うえにしみつこ》教授。労働制度に詳しく、学生らの将来に影を落としかねない働き方改革の行方を注視していた。とりわけ、裁量労働制や高度プロフェッショナル制度の危うさにはブログなどで警鐘を鳴らしてきた。大学教員に転じるまでは日本労働研究機構（現・独立行政法人労働政策研究・研修機構＝ＪＩＬＰＴ）の研究員だったため、この手の調査は企画から報告書作成まで経験したことがあり、熟知していた。

一月三一日の参院予算委の質疑で、加藤勝信・厚生労働相が「問題」のデータの元となった調査名を明らかにすると、上西教授は、早速、インターネット上で公開されていた調査結果を見つけた。そして、調べていくうちに不自然なものを感じた。

実は上西教授は、この調査とは別の、ＪＩＬＰＴによる「裁量労働制等の労働時間制度に関する調査」（結果公表は二〇一四年五月）から、安倍首相の答弁とは逆に、裁量労働制の方が一般労働者より労働時間は長かったとの結果を知っていた。「ＪＩＬＰＴの調査は厚労省が委託した大規模調査で、労働者と職場の双方から調査し、信頼性が高い。あえてそれとは違う調査結果を持ち出した答弁に意図的なものを感じた」と振り返る。

「裁量労働制の労働時間が長いのは政府にとって不都合な真実であり、その反証のデータを示したかったのではないか」。上西教授は問題のデータを調べて見つけた疑問点を、ある議員に伝えた。野党連携による政府追及、そして劇的な展開は、こうして始まった。

アリの一穴という常套《じょうとう》手段

裁量労働制は、財界の強い要望によって徐々に拡大されてきたものである。だが、国民によく知られていない制度ゆえに、社会的な反発は比較的小さかったといっていい。

裁量労働制とは、ひとことで説明すればこうだ。あらかじめ労使間で「みなし労働時間」を取り決める。たとえば「九時間」としたら、実際に七時間しか働いていなくても、あるいは一〇時間以上働いたとしても、賃金は九時間分となる。「みなし労働時間」を超えて、いくら長時間残業しても残業代はつかないということだ。

裁量労働制は一九八七年に初めて導入され、研究開発職やシステムエンジニア、取材・編集業などを対象業種に指定した。その後、九七年に弁護士や公認会計士などが追加された。これらの「専門業務型」は全部で一九業種に広まり、厚生労働省の推計では約八〇万人に適用されている。

さらに九八年の法改正により、企業の中枢部門のホワイトカラーに拡大。経営企画や人事部門に従事する者で、これらの「企画業務型」では約一七万人に適用とみられている。

今回の働き方改革では、「企画業務型」に、新たに営業職の一部などを加える計画だった。「法人向けの提案型営業職」というが、年収要件もないうえ、非正規雇用も対象。拡大解釈の余地も大きく、幅広く適用される可能性があった。そのうえ「法人向け」が解禁されれば、次は「個人向けはなぜだめなのか」と主張し、その後も「提案型がよくてほかがだめな理由は乏しい」といった具合に対象をどんどん拡大させていくのが財界の常套手段、いわゆる「アリの一穴」といわれるやり方である。

政権や財界は、「働く人が自らの裁量で労働時間や仕事の進め方を決めることができる柔軟な働き方だ」と強調する。しかし、それは現場の実情に目をつぶり、実態を知っていながら甘言を弄する「ポスト真実」である。仕事の進め方の裁量はあっても、仕事の分量を決める裁量は会社側にある。残業代を支払わなくてもいいので、いくら長時間労働させても会社の懐は痛まない。結果、みなし労働時間を超えても終わらないほどの仕事が与えられ、長時間労働が常態化し、過労死が増える恐れがある。

もっといえば、経団連自身が行ったアンケート調査でも明らかなように（第三章参照）、長時間労働が生じる原因は商慣行や顧客対応によるものが多い。つまり、企業の多くは巨大なサプライチェーン（供給網）に組み込まれているので、自社の都合だけで労働者の業務時間を決めることは難しい。繁閑の差が激しく、また二四時間、地球規模での顧客対応もある。取引先あるいは競争相手との関係によって労働者の負荷は大きく左右されるということだ。

そういった実態の下で、どれだけの人が短時間で仕事を切り上げ、早く帰宅することができるというのだろうか。逆に、そういう経済的環境だからこそ、財界は裁量労働制を広めようとしているのではないのか。

もちろん裁量労働制に適した職種はあるし、いわば「放し飼い」のような、労働時間管理に縛られない働き方を望む労働者もいることは否定しない。問題なのは、高度の専門職でもなければ、自律性をもっているわけでもない労働者にまで幅広く対象を拡大しようとしていることである。

人件費抑制は、財界の一貫した考え方

財界はもともとホワイトカラーの大半、すなわち「普通の労働者」にまで裁量労働制を適用すべきだと考えてきた。一九九四年一一月に日本経営者団体連盟（日経連、現在の日本経団連）がまとめた「裁量労働制の見直しについて（意見）」では、次のように記述している。

「今後は、たとえば、アメリカの『イグゼンプション制』などを参考とした新たな制度の構築が求められよう。（中略）ホワイトカラー職業従事者の大部分を一挙に『イグゼンプション』とするには無理な面もあろう。／当面は、『裁量労働制』の範囲を拡充していくことが重要となり（中略）定型的な職務を行うホワイトカラーを別として、それ以外のホワイトカラーには、できるかぎり裁量労働制を幅広く適用する」

つまり裁量労働制はあくまでもホワイトカラー・エグゼンプションへのスムーズな移行のための過渡的な制度にすぎない。まず裁量労働制の適用を拡大させ、その先で、ホワイトカラー・エグゼンプションへ移行する。

ホワイトカラー・エグゼンプションとは、働き手を労働時間の規制対象から外し、深夜や休日労働の割増賃金さえも発生しない制度である。今回の働き方改革関連法では「高度プロフェッショナル制度」がそれにあたる。深夜や休日労働には割増賃金が適用される裁量労働制よりも人件費を抑えられるため、「スーパー裁量労働制」との異名もある。このように、人件費抑制の仕組みを広げていこうという財界の考え方は、現在に至るまで一貫しているのである。

だが、働く側はたまったものではない。本来は、会社が出社・退社時間など労働時間の記録をとる必要があるが、裁量労働制では残業代が発生しないため、労働時間を十分管理していない場合が多い。過労死となっても、証明することが難しいということだ。

厚生労働省によれば、裁量労働制が適用された労働者で、過労による労災が認定されたのは、二〇一二年度から三年連続で一五人ずつ、一五年度は一一人、一六年度は二人とされる。裁量労働制を採用している企業の割合は専門業務型で二・五%、企画業務型では一・〇%程度というが、それでこの過労死者数である。安易に適用者を拡大するのは許されるべきではない。

野党との連携、合同聴取

上西教授は、データの不自然さについてのポイントをまとめると、立憲民主党の長妻昭・代表代行の事務所に連絡した。安倍首相の答弁が長妻氏の質問に対してだったからだ。

この後、事態は一気に「データ捏造疑惑」へと発展していくのだが、まずは首相の「問題答弁」が飛び出した衆院予算委での長妻氏との質疑を振り返る必要がある。

二〇一八年一月二九日、衆議院第一委員会室。

長妻氏は過労死等の例などを挙げ、首相の労働法制に対する姿勢をただした。

その概要は次のようなものだった。

裁量労働制の犠牲となった人たちの実態を聞いた。三〇代の女性は、みなし労働時間は一日八時間だが繁忙月の残業は月一〇〇時間。深夜一時まで残業、翌朝は六時ごろには出社。昨年一一月二七日に勤務先の編集プロダクションで深夜に倒れ、昏睡《こんすい》状態のところを同僚が気づき、救急搬送で一命をとりとめた。

四七歳のアナリストは、裁量労働制で残業は月四〇時間までのはずが、発症前の一カ月の残業は一三三時間に上り、亡くなった。大手印刷会社の男性は二七歳で過労死。みなし労働時間は一日八・五時間だったが、深夜一時すぎに帰宅、三時に就寝して六時半に起床、七時すぎには出社していた。

出版社のグラビア担当の編集者は、裁量労働制で入社二年目に過労死した。機械大手の三四歳で過労死した人は、裁量労働制で一日のみなし労働時間は八時間だが、月の残業時間は一〇〇時間以上となることが多かった。

そのうえで長妻氏は「ゆとりのある働き方で高付加価値を生み出すような生産性の高い働き方をするための（注・ママ、「に」の言い間違いと思われる。傍線は引用者）労働法制は緩めない。緩めてばかりいたら、今、非正規雇用が四割を超えるということになった。私は自民党の大きな責任だと思いますよ。（中略）総理、岩盤規制、ドリルで穴をあけるというこの考え方はぜひ改めていただきたいと思うんですが、いかがですか」と迫った。

これに対して、安倍首相は労働法制への考え方を正当化し、続いて「問題」の答弁を口にする。

「岩盤規制に穴をあけるには、やはり内閣総理大臣が先頭に立たなければ穴はあかないわけでありますから、その考え方を変えるつもりはありません。／それと、厚生労働省の調査によれば、裁量労働制で働く方の労働時間の長さは、平均的な方で比べれば一般労働者よりも短いというデータもあるということは御紹介させていただきたいと思います」

この質疑では、働く人の命や権利を保障する労働法制をめぐり、認識の大きな違いが浮き彫りになった。そして裁量労働制についても、長時間労働を助長し過労死につながる危険性を指摘した長妻氏に対し、安倍首相は、裁量労働制の方が一般労働者よりも労働時間が短いデータもあり、必ずしも長時間労働を助長するわけではないと反論。首相はデータの出所や数値に言及しなかったが、このデータこそが、双方の主張の正否を左右するものとして大きな意味を持ったのである。

データ撤回、法案から削除

データの出所は、長妻氏の質問の二日後に明らかになる。一月三一日、参院予算委だ。民進党の森本真治氏が、首相答弁とは逆に、裁量労働制の方が長時間労働になった調査例を挙げて政府側の見解をただしたときである。

森本氏はＪＩＬＰＴの調査結果を示した。一カ月の平均労働時間は、裁量労働制の「専門業務型」が二〇三・八時間、「企画業務型」は一九四・四時間。これに対し一般の労働者は一八六・七時間だった。

答弁に立った加藤厚労相は「私どもの平成二十五年労働時間等総合実態調査、これ、厚生労働省が調べたものでありますけれども……」と初めてデータの出所を明らかにした。続けて「平均的な一般労働者の一日の実労働時間の九時間三七分に対し、企画業務型裁量労働制は九時間一六分という数字もある」と述べたのである。

だが、これはとんでもないデータだった。

ツイッターに投稿した際、上西教授がおかしいと気づいたのは次の点だ。①加藤厚労相が示した「一般労働者の一日の実労働時間の九時間三七分」という数値は調査結果のどこを探しても載っていない（裁量労働制の方の九時間一六分はあった）②だから一般労働者の数値は同じ方法で得た数値とは思えず、それらを比較するのは不適切――ということだった。つまり、安倍首相や加藤厚労相が「平均的な」という言い方をして、いかにも同じ調査による平均値同士を比較したかのように見せたのを「小細工」と指弾したのである。

当初は小細工と映ったデータ問題は、その後、一大捏造疑惑に発展する。

二月に入ると連日、長妻氏らが厚労省にデータの提出を要求し、衆院予算委で「(データは)正しくない可能性がある」と追及を強める。加藤厚労相は「精査する」というばかりで答えに窮した。一四日、とうとう安倍首相が一月二九日の「問題」答弁を撤回し、謝罪に追い込まれた。

勢いづいた立憲民主、希望、民進、共産、自由、社民の野党六党が国会内で厚労省への合同聞き取り調査を続け、その中で不適切なデータがボロボロと出てきた。「一日の残業時間が週間や月間より長い」「一般労働者で一日に二三時間以上働く人が何人もいる」などの異常データは四〇〇件以上に。野党が「調査原票」の提出を求めると、加藤厚労相は「なくなった」と答弁したが、厚労省の地下倉庫に眠っていたのが見つかる始末だった。

結局、厚労省の調査は、一般労働者に対し「一カ月で最も長く働いた日の残業時間」を聞いていたことがわかった。その平均が一時間三七分で、それに法定労働時間の八時間を足して九時間三七分という数字を出していた。一方、裁量労働制の人には「一日の平均労働時間」を聞いており、質問が異なる調査を比較していたのである。裁量労働制の労働時間の方が短いという「結論」が先にあり、それを裏付けるためにデータを捏造したとみられても仕方ないものだった。

二〇一八年度予算案が衆院を通過した二月二八日深夜、安倍首相は、働き方改革関連法案から裁量労働制の拡大を切り離すよう厚労相らに指示した。このままでは国民の理解は到底得られないとみた窮余の選択だった（加藤厚労相は三月一日、再調査方針を明らかにし、同月二三日にデータを撤回した）。

この一件は、データの不備という問題に矮小化《わいしょうか》せず、行政の根幹を成す政策決定プロセスが大きく歪《ゆが》められ、民主主義の土台をも揺るがした、国民への背信行為としてとらえなければならない。

まず社会的なニーズを把握するため、有識者らからなる研究会や検討会が課題を整理し、裏付けとなるデータを分析する。それに基づいて労使と公益代表の三者がそれぞれ同人数を原則とする労政審で議論を重ねる。労政審が出した答申を踏まえて法案を閣議決定し、国会に提出する。それが、働き方に関する通常の政策決定プロセスだった。

しかし、安倍政権下では、こうした当たり前の手続きが省かれ、先に結論ありきで物事を進めてしまう。決定を急ぐために都合のよいデータばかりを選び、さらに、改ざんまがいの行為まで明らかになったのである。

＊

以上は、まだ法案提出前の動きである。野党は、労働時間の不適切なデータ比較を厳しく追及し、当初は盛り込まれていた裁量労働制の対象拡大部分を削除に追い込んだ。

その後、政府は四月六日に働き方改革関連法案を提出した。しかし、野村不動産で本来は裁量労働制の対象でない社員が裁量労働制で働かされ過労死した問題が発覚し、政府側は不十分な説明など対応のまずさを露呈。ようやく四月下旬に衆院で審議入りするも、野党は森友・加計問題も絡めて審議の前提となる「政府の信頼性」が失われたとして審議拒否を続けた。

その後、審議に復帰した野党は、法案の撤回や、過労死の遺族らが「過労死を助長する」と懸念する高度プロフェッショナル制（高プロ）の削除を求めた。

だが、ここで与党に援軍が現れる。自民、公明両党は五月二一日、日本維新の会、希望の党との間で法案修正に合意した。高プロは「いったん適用されても、本人の意思で離脱することができる」との修正内容である。与党にとっては、野党の一部と修正合意したという事実に意味がある。同じ強行採決でも、与党単独の場合と、一部でも野党の合意を得た場合とでは正当性が全く異なるというのである。法案は同二五日に衆院厚労委、そして三一日には衆院本会議で可決された。

その後、参院に舞台を移し、六月二八日に法案は参院厚労委で可決したが、その際に「業務を省令で具体的かつ明確に限定列挙する」など高プロに反対する野党の懸念を色濃く反映した四七項目の附帯決議をした。翌二九日、参院本会議で可決し、働き方改革関連法はとうとう成立した。

財界にとって悲願だった、高プロという〝残業代ゼロ法〟が二〇一九年四月から導入されることが決まった歴史的瞬間である。これまで、働く人は労働時間の規制によって保護されてきたが、その基本的なルールを取っ払う全く新しい制度だ。次章で詳しく説明したい。

第一章　高度プロフェッショナル制度の罠《わな》

(*post-truth vs evidence*)

神津《こうづ》連合会長「(高プロは修正しないと)長時間労働がさらに拡大しかねない。働く人の健康確保のための修正をよろしくお願いしたい」

安倍首相「しっかり受け止めて検討する」

(二〇一七年七月一三日、首相官邸での政労トップ会談)

〝残業代ゼロ法〟と批判してきた高度プロフェッショナル制度(高プロ)について連合が「容認」に転じた、とメディアは大々的に報じた。だが実態は、かつて国民の猛反発で頓挫したホワイトカラー・エグゼンプションの轍《てつ》は踏むまいとする安倍政権が周到に用意した企てだったといっていい。強行突破という批判をかわすため、「形ばかりの政労使合意」をお膳立てしたのである。世論を意識した演出は、これもポスト真実というべきものだ。

幻の政労使合意

「二〇一七年七月一三日」は、わが国の労働史できわめて重要な日として記憶されることになるかもしれなかった。大どんでん返しが起こるまでは……。

この日午後五時半すぎ、連合（日本労働組合総連合会）の神津里季生《りきお》会長は安倍晋三首相と会談するため首相官邸を訪ねた。会談には、加藤勝信・働き方改革担当相、塩崎恭久・厚生労働相も同席していた。

政府が同年三月に決定した「働き方改革実行計画」を基に、法案づくりが進められていた時期である。会談の焦点は、収入が高い一部の専門職を労働時間規制の対象から外す高度プロフェッショナル制度（高プロ）の創設問題だ。

実行計画には、高プロ創設のための法改正を急ぐ旨しか書き込まれなかった。連合の賛成が得られなかったからである。安倍政権としては、国民の警戒が強い高プロに対し、政労使、つまり政府と連合、経団連の三者が合意する形となれば、大手を振って推進できると踏んだ。つまり労働界代表の連合との間で、積極的な賛成を得られなくとも「反対しない」、あるいは「条件付き容認」という形さえつくれればいいと考え、水面下で連合に揺さぶりをかけてきた。

会談で神津会長は安倍首相にこう切り出した。「(高プロは修正しないと) 長時間労働がさらに拡大しかねない。健康管理はきわめて不十分だ」。働く人の健康確保策を強化することを条件に、とうとう「容認」する姿勢を伝えたのである。

首相は「しっかり受け止めて検討する」と即座に応じた。政労使の合意が「成立」したかに見えた瞬間だった。

国会で二年以上も塩漬けになっていた、いわゆる〝残業代ゼロ法〟が実現に向けて動き出した——マスコミは大々的にそう報じた。

財界の理想論と連合の反対論

高プロは、アナリストやディーラー、研究開発職など高度の専門知識を持ち、年収一〇七五万円以上の働き手を、労働時間規制の対象から外す制度だ。労働基準法は法定労働時間を超えて働かせる場合、割増賃金の支払いを義務付けている。しかし、高プロの対象になると、残業や深夜、休日労働をしても割増賃金が一切支払われなくなる。

実現を要請してきた経団連は、対象者がごく一部に限られると強調。工場従業員のように働いた時間と仕事の成果が一致するような職種ではなく、「短時間で成果を出せば生産性が高まり、自由な時間も増える」などと、判で押したように理想論を繰り返していた。

一方で、高プロ制度実現の先頭に立つ榊原定征《さかきばらさだゆき》・経団連会長は「所得要件を下げ、対象者を全労働者の一〇%程度にまで増やすべきだ」とたびたび発言。対象者はいずれ拡大していく、との見方を広めてしまった。どれだけ残業させても残業代を支払わなくてすむ「定額働かせ放題プラン」といったレッテルが貼られたままだった。

対する連合の反対理由は、こうだった。▽現行でも成果と報酬を連動させる柔軟な働き方は可能で、すでに制度も存在する▽この働き方では労働者は成果を出すまで働き続けなければならない。成果を出したら出したで、より多くの成果を求められ、歯止めのない長時間労働が進む——などだ。労働問題に詳しい弁護士からは「労働時間規制が外された従業員が過労死しても、企業側の責任を問えなくなる恐れがある」との指摘もあった。

このように、連合は一貫して反対してきたのである。

政府の作戦勝ち

連合会長も参加し、政府の「働き方改革実現会議」（後述）がまとめた「実行計画」（本書一三四〜一三五頁に概要掲載）。それには連合の悲願だった「時間外労働の上限規制」が盛り込まれた。罰則付きで長時間労働に歯止めをかけるという、労働基準法七〇年の歴史で「画期的」と自賛するものだ。実はそこに、周到に用意された「罠」があった。

時計の針を「働き方改革実行計画」の仕上げにかかる時期（二〇一七年二月ごろ）に戻そう。残業時間の上限を決めるにあたり、少しでも上限を低くしたい連合と、高くしたい経団連との間で綱引きが起きた。対立点は、繁忙月に例外的に認める上限だ。電通新入社員の過労自死が労災認定され、遺族と電通が再発防止の取り組み強化などで和解した直後である。労働界代表として絶対に妥協は許されない局面だった。

神津連合会長は「三桁」、つまり象徴的な数字である「月一〇〇時間」が譲れない一線と考えた。支援している民進党からも「一〇〇時間を超えるようでは到底容認できない」と圧力がかかっていた。「一〇〇時間」を超えるか否か、が成否の分かれ目となった。

結局、連合と経団連の対立は解けず、安倍首相が裁定することになった。

裁定は「月一〇〇時間未満」。すなわち一〇〇時間を超えないという、連合に花を持たせる決着となった。だが、財界にとっては一〇〇時間も九九時間もさして変わりはない。この数字で決着し、しかも連合が政権に「借り」をつくることになるのならもうけ物と考えるのが普通だろう。この「借り」こそが、後になって高プロ容認を引き出す切り札になると、財界も政権側も考えたに違いないのである。

一方、高プロについては「働き方改革実現会議」の場でも議論らしい議論はされなかった。しかし、最終的な実行計画には「高度プロフェッショナル制度の創設や企画業務型裁量労働制の見直しなどの多様で柔軟な働き方の実現に関する法改正（中略）について、国会での早期成立を図る」と短く書き込まれた。連合が時間外労働の上限である「一〇〇時間」問題ばかりに集中して、警戒感が薄れていたともいわれた。

高プロは、安倍首相にとっても悲願だった。第一次政権（二〇〇六〜〇七年）時代に「ホワイトカラー・エグゼンプション」という形で実現を目指したが、世論の猛反発に遭って断念。第二次政権でも一五年四月に法案（労働基準法改正案）を国会提出したが、一度も審議されずに廃案となり、今回が三度目のチャレンジだからだ。

政府与党は、実行計画に短くても文章が書き込まれたのを根拠に、一気に攻勢をかけた。連合との水面下での交渉では「全部をパーにするか、それとも清濁併せのむか」と、連合の悲願である「時間外労働の上限規制」を半ば人質にとり、高プロとセットの法案にしないかぎり、ご破算にすると突き付けた。

連合はすっかり足元を見られていたのである。「一〇〇時間未満」を人質にとられての脅し。高プロ実現を目論《もくろ》む政府与党の「罠」に、まんまとはまってしまった。神津会長は、高プロの「条件付き容認」、つまり政労使の合意へと追い詰められたのだった。

官邸で首相に「容認」方針を伝えた後、神津氏は記者団にこう釈明している。「圧倒的多数の与党だから、法案はそのままの内容でも成立してしまうが、それは耐えられない。長時間労働が拡大しないよう健康確保面の修正が必要だと判断した」。高プロの実現が阻めないのなら条件闘争する方が得策だと言い訳したのである。

ところが、傘下の労働組合にとっては寝耳に水のことだった。当然ながら連合内部や過労死の遺族団体から「裏切られた思いだ」と批判が噴出した。神津会長だけでなく、政府と交渉にあたっていた逢見直人《おうみなおと》事務局長らを批判する論調も目立った。

ホワイトカラー・エグゼンプションは世論の反対を盛り上げて葬り去り、高プロも二年間、棚ざらしにさせてきた。それが今回、水面下の交渉で政権側にうまく取り込まれたような印象となった。

だが、連合は最後の最後で踏みとどまる。七月二七日、中央執行委員会で、神津会長が首相に伝えた「条件付き容認」の方針を了承せず、高プロに反対する方針を決定した。どんでん返しで反対姿勢を貫くことになったのだ。

しかし、時すでに遅し。政府は、政労使での合意という形は断念するものの、神津会長が伝えた健康確保策を受け入れる修正を加え、高プロと長時間労働是正をセットにした労働基準法改正案とする方針を決めた。政権側の巧妙な作戦勝ちといえる結果だった。

不文律を無視して議論を進める

政府の働き方改革実行計画でもほとんど触れられず、また二〇一五年に法案が提出されても国会で一度も審議されなかった〝残業代ゼロ法案〟。それは、今回の働き方改革の大きなテーマである長時間労働是正とは明らかに逆行する。ベクトルの方向が正反対の二つを一括法案とするのだから、ブラックジョークのような話だ。

立ち止まって考えてみれば、働き方改革で謳《うた》われた長時間労働是正、同一労働同一賃金、非正規の処遇改善、子育て・介護と仕事の両立といったテーマは、これまで、労働者や野党が声高に要求してきたものだ。それが、いつの間にか政権のキャッチフレーズに利用されている。国民の声や野党の要求に耳を傾けた結果というなら歓迎されるべきだが、問題なのは、テーマこそ同じだが中身は要求とは違うものに姿を変えていることだ。これこそ「ポスト真実」といえるものだろう。

労働法制の立案や改廃は、労働者にとって一方的な不利益変更であってはならないし、そのために最大限の配慮が必要なのはいうまでもない。だから労政審（前出。厚生労働相の

表1　未来投資会議　議員名簿（2018年7月5日時点）

議長	安倍晋三	内閣総理大臣
議長代理	麻生太郎	副総理
副議長	茂木敏充	経済再生担当大臣 兼内閣府特命担当大臣（経済財政政策）
同	菅　義偉	内閣官房長官
同	世耕弘成	経済産業大臣
議員	野田聖子	総務大臣
	林　芳正	文部科学大臣
	加藤勝信	厚生労働大臣
	松山政司	内閣府特命担当大臣（科学技術政策）
	梶山弘志	内閣府特命担当大臣（規制改革）
	金丸恭文	フューチャー株式会社代表取締役会長 兼社長　グループCEO
	五神　真	東京大学総長
	竹中平蔵	東洋大学教授、慶應義塾大学名誉教授
	中西宏明	一般社団法人日本経済団体連合会会長 株式会社日立製作所取締役会長　執行役
	南場智子	株式会社ディー・エヌ・エー代表取締役会長

諮問機関）などは労働者、使用者、公益代表の三者で構成し、人数も同数が原則である。それは日本が批准している国際労働機関（ＩＬＯ）の理念に基づくものだ。

ところが、企業寄りの経済政策を展開する安倍政権の特徴は、財界や企業トップらで構成する「産業競争力会議（二〇一六年九月、「未来投資会議」に衣替え。議員は【表1】参照）」や「規制改革会議（同、「規制改革推進会議」に衣替え。委員は次頁の【表2】参照）」で、まず基本方針や方向性を決めてし

表2　規制改革推進会議　委員名簿

議長	大田弘子	政策研究大学院大学教授
議長代理	金丸恭文	フューチャー株式会社代表取締役会長兼社長 グループCEO
	安念潤司	中央大学法科大学院教授
	飯田泰之	明治大学政治経済学部准教授
	江田麻季子	世界経済フォーラム日本代表
	古森重隆	富士フイルムホールディングス代表取締役会長兼CEO
	髙橋　滋	法政大学法学部教授
	野坂美穂	多摩大学経営情報学部専任講師
	長谷川幸洋	ジャーナリスト
	林　いづみ	桜坂法律事務所 弁護士
	原　英史	政策工房代表取締役社長
	森下竜一	大阪大学大学院医学系研究科寄付講座教授
	八代尚宏	昭和女子大学グローバルビジネス学部特命教授
	吉田晴乃	BTジャパン代表取締役社長

まう。労政審はまるで追認機関のような扱いでしかない。

不文律だった、公労使同数の三者構成の原則を明確に否定するような動きまでみられる。二〇一七年七月三一日、労政審に「労働政策基本部会（委員は【表3】参照）」なるものを設置し、三者構成にとらわれない体制で労働政策を議論することにしたのである。

「旧来の労使の枠組みに当てはまらないような課題や就業構造に関する課題などの基本的課題については、必ずしも三者構成にとらわ

表3　労働政策審議会 労働政策基本部会 委員名簿

（*の委員は第2回会合＝2017年10月10日から参加）

	石山　洸	株式会社エクサウィザーズ代表取締役社長
	入山章栄	早稲田大学大学院経営管理研究科准教授
部会長代理	岩村正彦	東京大学大学院法学政治学研究科教授
	大竹文雄	大阪大学社会経済研究所教授
	大橋　弘	東京大学大学院経済学研究科教授
	*川﨑博子	（株）NTTドコモ執行役員北陸支社長
	古賀伸明	（公財）連合総合生活開発研究所理事長
	*後藤一宏	情報労連副中央執行委員長 （KDDI労働組合中央執行委員長）
	佐々木かをり	（株）イー・ウーマン代表取締役社長 （株）ユニカルインターナショナル代表取締役社長
	武田洋子	（株）三菱総合研究所政策・経済研究センター長 チーフエコノミスト
	冨山和彦	（株）経営共創基盤代表取締役CEO
	*長谷川裕子	日本労働組合総連合会特別専門委員
	御手洗瑞子	（株）気仙沼ニッティング代表取締役社長
部会長	守島基博	学習院大学経済学部経営学科教授
	山川亜紀子	弁護士（Vanguard Tokyo 法律事務所）

れない体制で自由に議論する」との触れ込みだ。つまり、最低賃金などＩＬＯ条約で要請された案件以外は三者構成原則を無視して手っ取り早く決めていこうということになりかねない。

政府や経済界から「従来の発想にとらわれていたのでは」とか「変化のスピードが著しい状況では」といった文言が出てきたら要注意だ。これまでの常識や原理原則が通用しないかのように強調し、不文律さえも無視して思いのままに決めてしまう。それは、安倍政権がこれまで安保法制などを強引に進めてきた際に採った常套手段である。

取り込まれる連合

かつては非自民の連立政権づくりや民主党政権の誕生に力を発揮し、政治の裏舞台でも存在感があった連合。だが、最大の支持政党であった民進党は二〇一七年一〇月の衆院選で分裂。連合は支持政党なしとし、希望の党、立憲民主党、無所属に分かれた組織内候補を応援するという事態になった。

一方で、政府与党とは政労使会議などを通じ、うまく取り込まれつつあるようにみえる。春闘の賃上げ交渉では、政権が経済界に直接要請する「官製春闘」の形でベアが復活し、連続して賃上げが実現。連合は蚊帳《かや》の外に置かれたように存在感が希薄化した。そんな苦しい状況にあって、連合幹部の一人は「交渉の場に入れば政権ペースに飲み込まれ、テーブルに着かなければ何も得られない」と厳しい現状を吐露する。だが労働者の代表である連合が、企業寄りの政権に対し、抵抗勢力でなく補完勢力となっては、それこそ存在価値がない。

〝残業代ゼロ法案〟は、いったん制度ができてしまえば、次第に対象が拡大していく恐れが強い。高プロは年収を「平均給与額の三倍を相当程度上回る水準」と定め、具体的には省令で定めるとしている（一〇七五万円は参考値）。だが、最初の経団連の報告書（二〇〇五年）では「年収四〇〇万円以上」を打ち出し、最近でも榊原定征・経団連会長（当時）が「少なくとも全労働者の一〇％」と述べていることはすでに指摘した通りである。

年収要件の引き下げ、あるいは対象職種を拡大していくであろうことは容易に想像できる。「労働者派遣法」も、当初は厳格な基準が定められ限定的な職種でスタートしたが、なし崩し的に基準が緩和された。派遣社員を含む非正規労働者は劇的に増え続け、今や働く人の四割近くに拡大した。

労働時間に縛られずに自由に働けるというが、仕事量が過大であれば過労死が多発しかねないのは裁量労働制と同じだ。否、休憩時間の義務付けもなく、深夜勤務や休日出勤に対する割増賃金も適用されない分、より労働条件は劣悪だ。「スーパー裁量労働制」と呼ばれるゆえんである。

経営側は、新しい労働時間制度の導入を目指すなら、仕事量に見合った人員確保に取り組むべきである。残業代をカットし、人も増やさない。そんな経営がまかり通るなら経済が好転するはずもない。

働く人の健康や暮らしを守る労働規制は、いわゆる岩盤規制などとは違い、たとえ小さな穴でも開けてはならない。「アリの一穴」がごとく、強固だった堤も、いつの間にか決壊しかねない。逆に、邪魔な防護壁を崩したい側はアリの一穴を狙う。

連合は労働者を守るという使命を果たし得る存在なのか。安倍一強体制で経済界寄りの政策を推し進める政権に対し、歯止めや修正を図って真に働く人のために機能し続けるのか。働き方改革は、組織率の低下など労働組合の弱体化をあらためて浮き彫りにした。働く人はもっと労働組合の重要性に気づかなければ危ういし、そのために労働組合側は実績を積み上げなければならない。

アメリカは、むしろ規制強化へ

高プロやホワイトカラー・エグゼンプションは、アメリカの制度をモデルとしている。

そのアメリカで働き方はどう変わったか。

ニューヨーク、ロサンゼルスなど四カ所でアメリカの運用実態と問題点を現地調査してきた三浦直子弁護士は「残業代（割増賃金）による歯止めがなければ、会社側はどこまでも社員を働かせる」と断言する。また、長時間働いているのに、それに見合った給与を受け取っていない人が多い現状も指摘した。

アメリカは法定労働時間を週四〇時間と定め、それを超えた分については五〇％増しの賃金（残業代）支払いを義務付けている。しかし、一定要件を満たし、ホワイトカラー・エグゼンプションが適用されると、残業代を支払わなくてもよくなる。ホワイトカラー・エグゼンプションは戦前からの歴史がある制度で、本来は報酬が高額で仕事の裁量もある、ごく限られた労働者に適用する趣旨だった。

ところが時の政権の思惑などから賃金要件が長い間引き上げられなかったため、対象者は著しく拡大。耐えかねた労働者の訴えにより二〇〇四年に改定されたが、それ以降、賃金要件は据え置かれたままで現在に至っている。

現行の適用要件は、労働省規則で詳細に定めているが、大まかにいえばこうだ。職務要件は管理業務や専門職で、賃金要件は週給四五五ドル（年収二万三六六〇ドル）以上を満たす人が対象となる。しかし、この賃金要件は日本円に換算すると年収二六三万円程度で、四人家族の貧困ライン以下の水準だ。時給で働く人を除けば、米国の労働者の実に約九割がこの賃金要件を満たす低さである。本来の趣旨と異なり、貧困層にまで悪影響を及ぼす制度になっている。

職務要件も大きな問題点を抱える。たとえば、業務のほぼすべては商品棚の作業で、管理業務はほんの一％程度の労働者が、上司から「あなたは管理職だ」といわれてホワイトカラー・エグゼンプションを適用される。日本のコンビニで問題となった「みなし店長」と同じ構図だ。こうした「名ばかりエグゼンプト」は一九九〇年代から横行し、制度の対象を不当に拡大する例は後を絶たない。労働者側が訴え、勝訴が続いたが、二〇〇四年の改正では職務要件は緩和された。

その後、「長時間働いているのに、それに見合った給与を受け取っていない労働者が多い」として、オバマ大統領がようやく労働基準法の行政規則の変更を指示。二〇一五年に年収要件の引き上げ案が公表された。オバマ政権は賃金要件の週給四五五ドルをほぼ倍増させる同九一三ドル（年収四万七四七六ドル＝約五二七万円）案を示していたが、トランプ政権はこれを年収三万三六六〇ドル（約三七四万円）として実施する予定だ。

いずれにせよアメリカは、ホワイトカラー・エグゼンプションの規定は時代遅れだとして、低すぎる賃金要件を見直し、職務要件の明確化を決めた。対象者をより限定し、残業代が支払われない労働者を大幅に減らす狙いだ。規制強化に動いているのである。

日本は逆行している。

第二章　働き方改革の実相

1　底流にあるもの

（*post-truth vs evidence*）

「世界で最もイノベーションに適した国」を創り上げます。（中略）「世界で一番企業が活躍しやすい国」を目指します。／「国際先端テスト」を導入し、聖域なき規制改革を進めます。企業活動を妨げる障害を、一つひとつ解消していきます。（中略）ひたすらに世界一を目指す気概。こういう皆さんがいる限り、日本はまだまだ成長できると、私は、確信しています。／今一度、申し上げます。皆さん、今こそ、世界一を目指していこうではありませんか。

（二〇一三年二月二八日、安倍首相の施政方針演説）

目の前の事象だけに囚《とら》われていては、物事の本質は見えてこない。働き方改革は、本当は何を目的としているのか、誰のための改革なのか。ポスト真実に惑わされず、その実相に迫ってみたい。

三年以上かけて周到に準備

働き方改革は、アベノミクスの成長戦略の政策パッケージとして二〇一六年六月に閣議決定された「ニッポン一億総活躍プラン」の中で、方向が示された。

その流れを引き継ぎ、同年九月に安倍首相は自らが議長となる有識者会議「働き方改革実現会議（委員は次頁の【表4】参照）」を設置。半年間に一〇回の会合を重ね、残業時間の上限規制などを柱とする「働き方改革実行計画」を一七年三月に発表した。

このように政府の動きをなぞってみると、働き方改革は一年足らずの間に瞬く間に仕上げられたような印象を受ける。しかし、そうしたとらえ方は短絡的にすぎる。

働き方改革の根底にあるものは、実は、安倍首相が返り咲いた第二次安倍政権発足当初から示されていた。それに従い、三年以上かけて周到に進められてきたのである。

表4　働き方改革実現会議（2016年9月26日時点）

議長	安倍晋三	内閣総理大臣
議長代理	加藤勝信	働き方改革担当大臣
同	塩崎恭久	厚生労働大臣
構成員	麻生太郎	副総理兼財務大臣
	菅　義偉	内閣官房長官
	石原伸晃	経済再生担当大臣兼内閣府特命担当大臣（経済財政政策）
	松野博一	文部科学大臣
	世耕弘成	経済産業大臣
	石井啓一	国土交通大臣
	生稲晃子	女優
	岩村正彦	東京大学大学院法学政治学研究科教授
	大村功作	全国中小企業団体中央会会長
	岡崎瑞穂	株式会社オーザック専務取締役
	金丸恭文	フューチャー株式会社代表取締役会長兼社長 グループCEO
	神津里季生	日本労働組合総連合会会長
	榊原定征	日本経済団体連合会会長
	白河桃子	相模女子大学客員教授 少子化ジャーナリスト
	新屋和代	株式会社りそなホールディングス執行役 人材サービス部長
	高橋　進	株式会社日本総合研究所理事長
	武田洋子	株式会社三菱総合研究所政策・経済研究センター副センター長 チーフエコノミスト
	田中弘樹	株式会社イトーヨーカ堂執行役員 人事部長
	樋口美雄	慶應義塾大学商学部教授
	水町勇一郎	東京大学社会科学研究所教授
	三村明夫	日本商工会議所会頭

二〇一三年二月、第二次安倍内閣発足後、実質的に最初となる国会での施政方針演説。再起を果たし高揚感に満ちた表情の首相。演説の節目では「世界最先端の」「世界に冠たる」などと、二〇回近くも「世界一」を誇る政策を連発した。

中でも注目されたのが「『世界で一番企業が活躍しやすい国』を目指し」である。露骨すぎるフレーズは唐突な印象を与えたが、それが財界・経済界に向けて発せられた公約とみれば違和感はない。

そして政策の方針づくりのために設置したのが、メンバーの中枢を財界人で固めた「産業競争力会議」（前出）である。首相は一四年四月に開いた産業競争力会議と政府の経済財政諮問会議との合同会議（メンバーは次頁の【表5】参照）で、労働時間の規制緩和を実現する制度創設について検討を指示している。高度プロフェッショナル制度創設につながるものだ。

その過程で、首相の指示のベースになった重要な資料がある。産業競争力会議で雇用・人材分科会主査を務めた長谷川閑史《やすちか》・経済同友会代表幹事が作成したペーパーである。ペーパーの内容については後述する。

表5　平成26年第6回経済財政諮問会議
第4回経済財政諮問会議・産業競争力会議合同会議

（2014年4月22日）

議長	安倍晋三	内閣総理大臣
議員	麻生太郎	副総理兼財務大臣
	菅　義偉	内閣官房長官
	甘利　明	内閣府特命担当大臣（経済財政政策） 兼経済再生担当大臣 兼社会保障・税一体改革担当大臣
	新藤義孝	総務大臣
	茂木敏充	経済産業大臣
	田村憲久	厚生労働大臣
	稲田朋美	内閣府特命担当大臣（規制改革）
	黒田東彦	日本銀行総裁
	伊藤元重	東京大学大学院経済学研究科教授
	小林喜光	株式会社三菱ケミカルホールディングス 代表取締役社長
	佐々木則夫	株式会社東芝取締役副会長
	高橋　進	株式会社日本総合研究所理事長
	岡　素之	住友商事株式会社相談役
	榊原定征	東レ株式会社代表取締役 取締役会長
	竹中平蔵	慶應義塾大学総合政策学部教授
	長谷川閑史	武田薬品工業株式会社代表取締役社長

整理すると、働き方改革の根底にあるのは『「世界で一番企業が活躍しやすい国」を目指』すことであり、そのための下絵を描いたのはまさに「利害当事者」である企業経営者だった。当然、内容は企業経営者、つまり財界の意向が反映されたものになる。

経団連は企業団体献金への関与を再開

第一章で指摘したように、あらかじめ財界人中心の会議体で方針を決めてしまい、その出来上がった土俵に、労働界の代表である連合が最終局面になって上がらされる。本来、労働問題については労働代表、使用者代表、そして公益代表の三者構成の場で議論するのが原則だ。だが、まるでアリバイづくりのように最後になって労働代表の意見も聞き置くといったやり方である。今回の働き方改革を議論した「実現会議」にしても、労働側のメンバーは連合会長ただ一人。対して、企業経営者は七人も入っており、この事実をとっても「財界のための働かせ方改革」とわかる。

今さら言うまでもないが、安倍政権は財界と共存共栄、持ちつ持たれつの関係で長期政権を築いた。法人税の引き下げや租税特別措置の増大、大規模金融緩和、環太平洋経済連携協定（TPP）の交渉参加、原発や武器の輸出……。当然、その「見返り」がある。

財界の総本山、経団連は民主党政権になった二〇〇九年に企業献金への関与を取りやめたが、安倍政権になって一四年に再開した。政党別に政策評価を行い、それを基に経団連加盟企業が献金先、献金額を決める建前だが、事実上、自民党向けに集中している。

一六年に自民党の政治資金団体「国民政治協会」が受け取った企業・団体献金は二三億二〇〇〇万円（総務相所管の中央分）に上り、ピークだった〇七年の三〇億円に近づいていきそうな勢いである。経団連が関与を取りやめていた自民党野党時代の一〇〜一一年は一三億円にまで落ち込んだのだから、アベノミクスによるさまざまな恩恵への期待が経済界に大きいことを映し出しているといえるだろう。

経団連が企業献金への関与を再開することになった背景には、こんなことがあった。

一二年一一月、米倉弘昌・経団連会長が記者会見で、自民党総裁に返り咲いた安倍氏が経済政策として掲げたアベノミクスの異次元緩和について「大胆な金融緩和というよりむしろ無鉄砲」「世界各国が禁じ手としている政策で無謀に過ぎる」と批判した。米倉氏は歯に衣着せず思ったことをストレートに口にするタイプだが、これをきっかけに、経団連と、直後に発足した第二次安倍政権は険悪な関係に陥った。経団連会長の指定席であった政府の経済財政諮問会議の委員から米倉氏が外れ、冷遇されることとなる。

ところが後任の経団連会長に榊原定征氏が就任し、企業献金への関与再開を自民党側に伝えると、手のひらを返したように関係が修復。経済財政諮問会議にも復帰を果たしたのである。

安倍政権が財界と良好な関係を保ち、時として頼りにする。財界もまた、安倍政権が続いてくれることが望ましいし、利益にかなうのは間違いない。国政選挙で安倍政権が五連勝した陰には経済界の強力な後押しが存在したであろうことは容易に想像できる。ひとたび選挙になれば、経団連加盟企業は業界ぐるみでヒトもカネも総動員するというのが定説である。

長谷川ペーパーの中身

こうした表からは見えない事象も含めて考えると、働き方改革とは、財界による財界のための「働かせ方改革」にほかならないことがわかる。

政府は、働き方改革の目玉を「長時間労働の是正」と「同一労働同一賃金」だと強調する。しかし、真の目玉は、財界が望み、下絵まで描いた高プロ創設や裁量労働制の対象拡大といった労働時間制度の規制緩和なのである。

注目すべきは、前述した長谷川ペーパーの中身である。

「個人と企業の持続的成長のための働き方改革」というタイトルでＡ４版七枚。そこには「世界トップレベルの雇用環境の実現」を謳い、今後の中核となる政策として▽高プロの創設や裁量労働制拡大など労働時間制度の見直し▽ジョブ型正社員の普及・拡大▽予見可能性の高い紛争解決システムの創設――を挙げ、具体的な指針がまとめられている。

労働時間制度の見直しについては、次の項で詳述する。

ジョブ型正社員とは、いわゆる日本的雇用の正社員とは対照的なものだ。新卒で一括採用され、終身雇用、年功賃金が保証されるのと引き換えに（仕事内容や転勤など、会社の指示通りに）無限定な働き方をするのが従来の正社員である。それを、職務は明確に定められ、昇給や雇用保障は必ずしも約束されない欧米流の正社員（ジョブ型）へ置き換えようというのだ。

紛争解決システムの創設とは、ひとことで言えば、不当解雇された労働者へ支払う解決金を明確化するものであり、いわゆる「金銭解雇」の導入である。制度設計しだいでは不当解雇や退職勧奨が多発しかねないと懸念されるものだ。これについても、後に詳述する。

高プロがそうだったように、この長谷川ペーパーに沿って働き方改革が進んでいけば、ジョブ型を増やす「正社員改革」や、解雇規制の緩和などドラスティックな雇用改革が待っていることになる。働く人の幸せよりも、人件費抑制など経営者の論理が大手を振る働かせ方が一層進みかねない。

ペーパーにはまた「政府として、雇用改革を成長戦略の重要な柱として位置づけ、経済政策と雇用政策を一体的・整合的に捉えた総理主導の政策の基本方針を策定する会議を設け、雇用・労働市場改革に取り組む」とあり、労働者代表を排除し官邸主導で雇用改革の方針を決める会議体の設置や、「失業なき円滑な労働移動」を掲げて雇用流動化を強く求める記述が目立つことも非常に重要である。

2　労働時間制度改革の狙い

（*post-truth vs evidence*）

「（高プロの対象が年収一〇七五万円以上では）きわめて限定された社員からのスタートにな

る。実効性あるものにするためには年収要件を緩和して、対象職種も広げないといけない」
（榊原定征経団連会長の記者会見、二〇一五年四月六日）

「少なくとも全労働者の一〇％程度は適用を受けられる制度にすべきだ」
（同、二〇一四年六月九日）

榊原会長の言う「全労働者の一〇％」だとすると、対象は約五〇〇万人、年収六〇〇万円程度の社員に適用されることになり、「高年収、高度な専門職が対象」という制度の趣旨は空文化する。「仕事を早く終わらせて家族だんらんが可能になる」という政府の謳い文句も、真に受けることなど到底できない。

割増賃金という歯止めを外す

労働基準法で定める日本の労働時間は週四〇時間である。それを超える残業時間について、これまで法律上の上限規定はなく、いわゆる三六協定（労基法第三六条）によって労使間の合意で取り決めてきた。さらに労使が特別条項に同意すれば、上限なく時間外労働は可能となり、実質的に労働時間は「青天井」の状態だった。しかも三六協定を結んでいるのは五割程度にとどまっているのが実態である。

国際的にみると、時間外労働の規制の仕方は大きく二つある。一つは、労働時間の上限を設定して直接的に規制する、いわゆる「直接規制型」で、欧州に多い。もう一つは、時間外労働に対して使用者に割増賃金を課すことによって歯止めを掛けようとする「間接規制型」で、米国の公正労働基準法が典型である。

日本の場合は、それらの併用型ともいえる。だが、三六協定はほとんど長時間労働の抑制になっていないことから、割増賃金のみが時間外労働をさせるうえでの歯止めといえた。

だから、高度プロフェッショナル制度を創設する大きな狙いは、残業代として課される割増賃金を労働者に支払わずにすむようにすることだといっていい。高プロ導入派がいくら「時間にとらわれずに自由度の高い働き方ができる」とか、「仕事を早く終わらせて家族だんらんが可能になる」などと美辞麗句を並べようが、この制度が残業代ゼロの「定額働かせ放題」であることは覆い隠せない。労働時間規制の対象から外れた労働者は、残業という概念がなくなり、「合法的に残業代ゼロ」にすることができるのである。

厚労省にとってトラウマの数字

労組や世論の反発が予想された高プロは、国会に法案が提出されてから二年以上も棚ざらし状態が続き、一度も審議されなかった。

そもそも導入ありきの議論だったため、制度の核である「対象者をどうするか」は、きわめて杜撰《ずさん》に決められてしまった。

二〇一三年末から一四年春は、高プロの年収や職種の要件をどうするかが検討されていた時期だ。制度を要望する財界、それを後押しする自民党、労働者を守る立場の厚生労働省がせめぎ合っていた。対象が多すぎると世論の反発は一段と強まる。逆に、少なすぎれば制度をつくるメリットが薄れてしまう。

財界側は、できるだけ年収要件を下げ、対象者を多くしたかった。一方、厚労省が考えていたのは、対象をほんの一握りにすること。当初は、過去の判例で残業代なしでも可とされた外資系金融マンの年収「七〇〇〇万円」を案としていた。

これを知った自民党の国会議員は激怒し、「それでは対象が何人になるのか」と案を突き返した。年収要件の大幅な引き下げを求められた厚労省側だったが、どうしても近づけたくない、トラウマとなっている額があった。

九〇〇万円。

二〇〇六年、第一次安倍内閣が導入を目指しながら頓挫したホワイトカラー・エグゼンプションの年収要件である。高プロと同様に「残業代ゼロ」「過労死促進」などと呼ばれ、世論どころか与党内からも反発の火の手が上がった。その苦い記憶である。だから、そのラインからはできるだけ引き上げ、国民にホワイトカラー・エグゼンプションと同一視させないレベルにしたかったのである。

厚労相の判断で変えられる省令に

財界側との綱引きの結果、高プロの年収要件は「一〇〇〇万円」ラインで折り合いが付いた。そこから「一〇七五万円」に引き上げたのは、労働基準法に「高度な専門知識を有する労働者」の条件として「年収一〇七五万円を下回らない」との数字があったからだ。それを転用したにすぎなかったのである。

ただし政府は、法案に年収要件の具体的な数字は書き込まなかった。「労働者の平均給与額の三倍を相当程度上回る水準」との規定しかない。「一〇七五万円」は省令で定めるが、省令だと国会の議決なしに厚労相の判断だけで変えられるため、引き下げやすいとの憶測を呼んでいる。

労働時間規制という働く人の健康や権利を守る基本を変更するにあたって、このような粗雑な議論がなされていたのである。

高プロの対象は、年収要件でみれば全労働者五五〇〇万人の三%程度に相当し、そこから管理職を除くため、およそ一〇〇万～一五〇万人強とみられる。しかし、高プロ創設が盛り込まれた法案が二〇一五年に初めて提案された際、塩崎恭久厚労相が「ものすごく小さいところでスタートする」「とりあえず入っていく」などと発言したことがあり、榊原経団連会長の「一〇%発言」と併せ、対象が本当に拡大しないのか注視していかなければならない。

そもそも対象がきわめて限定的なら、どうして財界がここまで固執するのか。

高プロの年収要件も、時間外労働の上限規制も、交渉過程には既視感がある。攻める政府与党・財界と、守る厚生労働省・連合の構図。攻める側は高めにハードルを設定する。守る側は、死守すべきぎりぎりのラインまで譲歩を迫られてしまう。結局、働かせる側の主張が勝る。それはすなわち「働かせ方改革」だということである。

3　解雇の「か」の字も封印

(*post-truth vs evidence*)

官邸サイドから働き方改革実現会議の委員に対して一つの要請があった。

「解雇の『か』の字も言わないでほしい」

短期間で実行計画をまとめるため、紛糾しそうな議論をあらかじめ封印したのである。だが、働き方改革の陰の指針には「今後の中核となる政策」として解雇の金銭解決が明記されていた。企業活動にとって妨げとなるものはすべて排除するのが「世界で一番企業が活躍しやすい国」づくりの要諦だ。

働き方改革の議論ではおくびにも出さなかったが、働く人にとっては意に反する雇用喪失が容易になる解雇規制の緩和が、水面下で進行しているのである。

「解雇の金銭解決」を日本に初めて導入？

働き方改革実行計画をまとめるにあたって、財界人や学者ら実現会議のメンバーが内密に申し合わせていたことがある。官邸サイドから強く要請されていたもので、公開された議事録からは決して窺《うかが》い知ることができないものである。筆者の取材によれば、それは、今回の実現会議の議論では「解雇の『か』の字も言わないでほしい」ということであった。

この「解雇」とは、今回の働き方改革後の重要課題となることは間違いない「解雇の金銭解決」を日本に初めて導入することである。

現行の労働契約法は「解雇は、客観的に合理的な理由を欠き、社会通念上相当であると認められない場合は、その権利を濫用したものとして、無効とする」と、不当解雇を禁じている。裁判所が解雇無効と認めた場合、労働者は原則、職場に復帰することになる。

これに対し「金銭解雇」は、職場復帰させずに労働者に金銭を払うことによって解決する道を会社側に認める制度である。厚生労働省の有識者検討会は、金銭解雇について「一定の必要がある」との報告書を出しているが、労働組合側は「金さえ払えばいくらでも解雇できるようになる」とみて、断固反対の姿勢を変えていない。

だから、実現会議の場で「解雇」の話題が俎上《そじょう》に載ろうものなら、まとまる議論もまとまらなくなる恐れが出てくる。そうでなくとも、長時間労働と同一労働同一賃金、さらには高プロという大きなテーマをわずか半年間の議論で取りまとめなければならなかった。短期間で決着をつけるために、議論を紛糾させかねない解雇については封印し、「解雇」という言葉に触れることすら禁じたのである。

申し合わせした通り、実現会議の場で解雇問題については議論されなかった。だが前述したように、金銭解雇は長谷川ペーパーで今後の「中核となる政策」と位置付けられているものだ。すでに労働政策審議会でも検討が始まっており、財界と安倍政権は強力に実現を求めていくだろう。「『世界で一番企業が活躍しやすい国』を目指」すというからには、企業活動にとって「妨げ」といえるものは何でも排除していこうとするからだ。

解雇コストの可視化が狙い

金銭解雇を導入する場合に焦点となるのは何か。現在、解雇の可否をめぐる訴えは労働者側からのみ申し立てられるが、それを会社側による申し立ても認めるか、さらに解決金の上限や下限をどの程度に定めるかである。

会社側の申し立ても認められるようになれば、不当な解雇や退職勧奨が多発する懸念が強まるだろう。金銭による解決は現在でも普通に行われているが、制度が導入されれば解決金の相場は現状より下落すると予想される。だから解決金の下限の設定が重要になる。

長谷川ペーパーでは「予見可能性の高い紛争解決システムの創設」と書いている。「予見可能性の高い」とは、企業が労働者を解雇するのにいくら払えばいいのかをあらかじめ予測できるようにする、という意味である。解雇にかかるコストが見通せれば、経営計画を立てるうえで大きなメリットがある。

もし金銭解雇が認められれば、企業にとってリストラの強力な武器となる一方、働く人にとっては正当な理由がなくても解雇される不安を抱えるようになる。四〇代や五〇代の人にとっては、再就職も難しい年代だけに不安もひとしおだろう。

解雇によって、労働者は、継続的な収入を得る手段、すなわち生計を維持する術《すべ》を失うという経済的不利益だけでなく、社会的な評価も低下するという人格的不利益も被る。また、働くことによる幸福追求の手段も失う。企業経営にとっては重要なツールなのだろうが、働く人からすれば血も涙もない冷徹な論理であり、安易に認めていいものではない。

一〇年以上も前のことだが、日本を代表する大手鉄鋼メーカーの社長がシンポジウムで発した言葉を思い出す。「好んでリストラ（人員整理）をする経営者などいません。苦渋の選択なのです。米国の経営者と同列視しないでいただきたい」と神妙な表情で訴えていた。日本では不況になっても、残業を減らしたり一時金のカットなどでしのぎ、雇用に手を付けることだけは避けようと、ほとんどの経営者は歯を食いしばっていた。

しかし、横並び主義の弊害だろう。どこかの社が口火を切ってリストラに動いた途端、追随する企業が相次いだ。いったん、タガが外れるともう止まらない。一〇〇人単位だった人員整理は瞬く間に万人単位へと加速した。陰湿なリストラも横行した。家族主義という日本的雇用の良き伝統はどこかへ行ってしまったかのような印象である。

日本では解雇（特に整理解雇）は非常に困難だと誤解されがちだが、そうではない。正当な解雇はできるし、不当な解雇はできないというだけだ。仕事がなくなれば解雇はできるし、仕事があって契約通りに働いていれば解雇はできないのが基本である。その大原則を脅かしかねない金銭解雇の動向は、働く人自身が注意して推移を見守らなければならない。

委員一人が強硬に主張

解雇の「か」の字も封印したため、当然のことながら、公開された実現会議の議事録を見ても何も記述がないが、逆に議事録を丁寧に追うことで見えてくるものもある。それは高プロのごり押しぶりである。

議事録をみると、当初から複数の財界関係者が「国会で継続審議扱いになっている労働基準法の改正法案の早期成立」、つまり高プロ導入を求める発言を繰り返している。

実行計画を取りまとめる最終段階の第七回から第一〇回会議では、特に一人の委員が強硬に訴えているのがわかる。経済同友会副代表幹事を務める、フューチャー株式会社の金丸恭文・会長兼社長である。

「時間外労働の上限規制の導入においては、（中略）規制導入の前提として高度プロフェッショナル制度創設や企画型裁量労働制の見直しを含む労働基準法改正案もあわせて導入することを再び強く希望」すると発言。つまり、罰則つき時間外労働の上限規制の導入は、高プロの創設や裁量労働制の適用拡大とセットで進めてほしい、ということだ。

この労基法関連をひとまとめにする方針は、働き方改革実行計画には書き込まれなかったものの、その後の法案作成時点で明らかになる。振り返ってみれば、金丸氏の発言が、その後の法案作成の流れを予告していたともいえる。

しかし、その時点で発言が大きな注目を集めることはなかった。実現会議のあるメンバーは「高プロについては特に議論されず、関心ももたれていなかったが、とにかくごく一部の人だけがごり押しをした印象だ。連合の神津会長は長時間労働是正で一〇〇時間未満とすることにばかり拘《こだわ》っていて、高プロどころでないようだった」と証言した。

高プロも、実現会議の場でまともに議論すれば収拾がつかなくなる恐れが強かった。だから答申案づくりの終盤になって「高プロの早期実現を目指す」という文章が目立たないように挿入されただけである。

長時間労働是正と同一労働同一賃金が二大看板といわれるが、陰の主役は、労使が最も対立するであろう高プロである。しかし、それはこんな空疎な形で実現への道を歩んだのだった。

4 二〇年がかりの悲願

源流のリストラマニュアル

今回の働き方改革では、「長谷川ペーパー」という陰の指針があった。だが、一連の労働制度改革には、さらに源流といえるものがある。一九九五年五月に日経連（二〇〇二年に経団連と統合）が発表した「新時代の『日本的経営』――挑戦すべき方向とその具体策」がそれである。派遣労働が拡大することになった指南書、あるいはリストラマニュアルなどといわれた報告書でもある。

日経連は、春闘で経営側の基本スタンスとなる「経労委報告（経営労働政策特別委員会報告）」をまとめるなど、企業の賃金や雇用に関わる一切合切を仕切っていたため、「財界労務部」の異名があった。日経連がひとたび号令を出せば、各企業は一斉に右へ倣えをするほどの影響力があった。だから「新時代の『日本的経営』」に「派遣労働を拡大」と書いてあれば、横並びで派遣の活用を始めるのは必然ともいえたのである。

当時はプラザ合意後の急激な円高が定着し、産業の空洞化、低賃金の新興国との本格的なグローバル競争の時代を迎えていた。年功賃金による人件費負担増が日本経済の競争力を奪っているとして、財界は人件費抑制こそが至上命題という考えに取り憑《つ》かれていた。

日経連が出した答えは、ひとことで言えばこうだった。終身雇用や年功賃金が前提である正社員は企業の中枢要員だけに絞り込み、代わりに有期雇用のパートや派遣労働を「雇用の調整弁」のように活用する。だが、こんな直截《ちょくせつ》な説明では国民から非難の声が上がるのは目に見えている。

そこで日経連が持ち出したのは、以前から検討してきた「雇用ポートフォリオ」なる概念だった。投資・運用先の金融商品の組み合わせを意味するポートフォリオという用語を使い、企業にとって無駄なく効果的な雇用形態の組み合わせを示すと説明した。

「財界労務部」の重い結果責任

当時は、ほとんど波風は立たなかった。だが、この冷徹な指針を受けたかのように、労働者派遣法は一九九九年、二〇〇四年の改正で事実上、ほぼ全面解禁された。格差問題がクローズアップされるに伴い、「派遣の指南書」として騒がれるようになったのである。

では、報告書は具体的にどういう内容だったのか。

まず従業員を三グループに分類する。

① 従来の正社員と同様、長期の継続雇用を前提とした「長期蓄積能力活用型」
② 終身雇用ではなく、いつでも雇用を打ち切れる有期雇用で専門性の高い仕事をする「高度専門能力活用型」
③ 同じく有期雇用で派遣やパートを念頭に置いた「雇用柔軟型」

図1　企業・従業員の雇用・勤続に対する関係

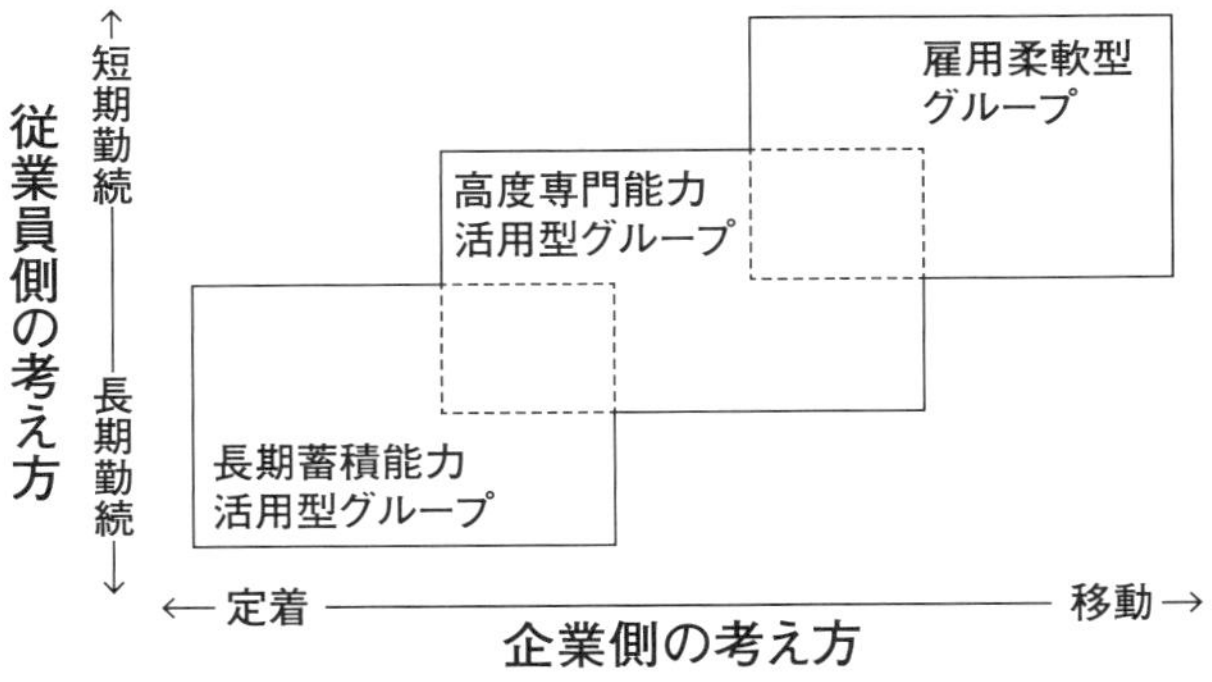

注：1　雇用形態の典型的な分類
　　2　各グループ間の移動は可

日本経営者団体連盟『新時代の「日本的経営」』32頁より。

そのうえで、それぞれのグループを、縦軸に「従業員側の考え方」（長期勤続↓短期勤続）、横軸に「企業側の考え方」（定着↓移動）という座標軸のグラフに配置し、それぞれのグループ間の移動は可能とした（【図1】参照）。

何とも平板かつ無機質な図で、経営側の社員に対する冷たさが透けて見えるようである。経営者は何とはなしに「人材を活用」とか「人材を適正配置」と口にするが、その言葉からは、無意識に人間を物や道具と同じく経営の材料のようにみなすニュアンスが感じられ、人を人らしく扱おうという意識が見えない。一人ひとりが大切な従業員であり、「人財」とすべきである。

日経連は各社の取り組みを数年後にチェックするフォロー調査まで行った。この入念な日経連の後押しにより、派遣労働は横並びで一気に広まることとなった。年越し派遣村や秋葉原連続殺傷事件（ともに二〇〇八年）などの社会問題を生んだ派遣労働拡大の原点がここにあったのである。

報告書の作成に関わった成瀬健生・元日経連常務理事は、こう振り返っている。

「急激な円高が日本経済を襲った。一ドル＝二四〇円から一気に一ドル＝一二〇円となり、これは人件費が二倍になったのと同じ。国際的に太刀打《たち》ちできない状況になった」「『新時代の日本的経営』はデフレ不況に苦しみ始めた日本が、日本的経営の無駄な部分を徹底的にそぎ落とそうと考えたもの」（「連合総研レポート二〇一四年七・八月合併号」）

しかし、いかに急激な円高だったとはいえ、バブル時代の放漫経営や、その後の長期低迷の経営責任にはひとことも触れず、外部環境の変化にばかり原因を見出《みいだ》しているのは無責任な印象を与える。

日経連としても、ここまで非正規が拡大するとは予想外だったろう。そうだとしても、雇用の劣化、社会の劣化をもたらした「財界労務部」の結果責任は重い。これを教訓とするなら、労働法制の規制緩和を伴い、働く人の生活を左右しかねない働き方改革の議論は、たった半年でまとめるのではなく、もっと慎重さを求めるべきである。

ところが働き方改革は、まさに「新時代の『日本的経営』」が描いた、雇用形態の多様な社会という筋書き通りに進んでいるように見える。無限定な働き方をする長期雇用の正社員と、高プロのような残業代のかからない専門職、そして柔軟な働き方という美名で語られるが、実態は雇用保障が薄く賃金も低い非正規社員——の三グループ化である。財界にとっては、二〇年余りかかって実現に近づいた〝新時代の日本的経営〟ともいえる。

かつて世界の羨望を集めた日本経済の復活劇を導くことになるのか、あるいは格差や貧困を一段と際立たせ、日本的雇用の良き伝統をも破壊する自殺行為となるか。いずれにしても、財界主導で進められる改革は働く人にとっての期待や幸せとは一致せず、かえって不幸が増すのであれば何の意味もないということを繰り返し訴えたい。

第三章　日本的雇用の真の問題は何か

1　長時間労働の「構造的要因」と「真の原因」

（*post-truth vs evidence*）

働き方改革のほころびが露呈する事態は、すでに起きている。

改革の議論が進んでいた二〇一六年一二月、千葉県でうつ病に陥り自殺した自動車販売会社の店長が労災認定された。長時間労働是正のため、会社から従業員に残業させないよう指示された店長は、自らが仕事を抱え込み、持ち帰り残業までしていた。時間外労働の制限を受けない管理職にしわ寄せが及んだのである。

法律で長時間労働を縛ろうとしても、抜け穴があればそこから漏れてしまう。

政府は残業撲滅の号令を出すだけだ。丸投げされた現場では、管理職を中心にかえって過労が増すパラドックス。「残業の見えない化」が進む。

三〇年経《た》っても改善されない長時間労働

政府の働き方改革がいかに欺瞞に満ちたものかを論じる前に、確認しておかなければならないことがある。

それは、働き方改革が取り上げた長時間労働や同一労働同一賃金の現状、問題点である。これらをエビデンスに基づいて正しく把握してこそ、冷静で論理的な判断が下せる。逆に、正しく理解していなければ、政府が改革と称して推し進める改悪に簡単に騙《だま》されてしまう。いったん壊してしまった制度を元に戻すことは大変な困難を伴うのである。

二〇一七年三月二八日、政府の働き方改革実現会議は半年間の議論を経て、長時間労働の是正や同一労働同一賃金の導入を柱とする「実行計画」を決めた。安倍首相は「日本の働き方を変える歴史的な一歩。二〇一七年は出発点と記憶されるだろう」と自賛し、三〇年来の課題である長時間労働の是正が期待された。だが、現実はそれほど甘くない。

中曾根政権時、日米貿易摩擦の高まりから、内需主導型経済への転換や国民生活の質の向上などを打ち出した新・前川レポート（正式名は「構造調整の指針」）で「アメリカや英国の労働時間より短くする」と宣言したのは一九八七年である。二一〇〇時間を超えていた年間総労働時間を一八〇〇時間にする目標が示された。以来、時短の奨励や週休二日制の普及、フレックスタイム制導入など、さまざまな改善策がとられた。だが長時間労働は一向に解消されず、新・前川レポートの目標も実質的に達成できてはいない。

一人当たりの年間総実労働時間は、二〇一七年に一七二一時間（厚生労働省「毎月勤労統計調査」）となった。だが、この数字は長時間労働の実態を正しく表していない。パートなどの短時間労働者が含まれ、しかもパートの比率が著しく増大しているため、一人当たりの労働時間を大きく押し下げているからだ。

フルタイムの労働者に限れば、この二〇年間、欧米よりもはるかに高い水準（二〇一七年は二〇二六時間）のまま、異常な長時間労働は、ほぼ横ばいを続けている。

より深刻な実態を表す統計もある。総務省の就業構造基本調査（二〇一二年）によると、年間二〇〇日以上働いている男性正社員のうち、週に六〇時間以上働いている人の割合は、二五〜二九歳は一九・六％、三〇〜三四歳は二〇・六％、三五〜三九歳は一九・四％に達する。週休二日制だとすると、一日当たりの労働時間は一二時間以上になる計算だ。

労働基準法は、法定労働時間を週四〇時間と定めている。この週六〇時間というのは、週当たりで二〇時間の時間外労働、月当たりでは八〇時間となり、厚生労働省が定める過労死認定基準に相当する。つまり、働き盛りの男性五人に一人が過労死ラインを超えて働いているということだ。

過労死を合法化するもの

働き方改革では、当然、このラインを下回る水準にすべきであった。しかし、時間外労働は、原則として月四五時間としたものの、一時的な繁忙期など特定の場合の上限を二〜六カ月の平均八〇時間以内、単月で一〇〇時間未満が認められたのである。

これに対して「過労死を合法化するものだ」との批判が上がり、過労死の遺族団体が怒りや悲しみを表明したのも当然だった。

法定労働時間を超えて働かせるには、労使間で「三六協定」を結べば、原則、月四五時間までの時間外労働が可能となる。さらに特別条項の同意を得れば、実質的に「青天井」の労働時間となる。大手企業では九割以上が三六協定を結び、「月六〇時間超」などの特別条項付きも六～七割に上るという調査結果がある。

今回、ようやく残業時間の罰則付き上限規制という、法律で長時間労働を明確に縛る方針が決まったのだから、大きな一歩のように思える。だが、本当に画期的かどうかは、法律で縛る「上限」が適切なものかによる。上限が緩すぎれば実効性はないばかりか、逆にその上限までなら合法的だとして、かえって状況を悪化させることになってしまうからだ。

その意味で、繁忙期の例外規定は「甘すぎる」と指摘されても仕方ないものだ。さらに大手企業が罰則を恐れて、下請けなどに長時間労働を「外注」するような事態を予想する声もある。先に挙げたように、中間管理職へのしわ寄せなど「抜け穴探し」も横行しかねない。

労働基準監督署の頑張りに期待しても、限界がある。

対症療法ではなく、なぜ長時間労働が生まれるのか、その原因を突き止め、根治を目指していくべきなのだ。

長時間労働の構造的要因

では、長時間労働を生む真の原因とは何なのか。ここで気をつけなくてはいけないのは、「真の原因」とは別に、長時間労働を生む「構造的な要因」があることだ。

この二つはきちんと峻別《しゅんべつ》する必要がある。これを混同していては、それこそポスト真実にまんまと騙されてしまうだろう。

構造的な要因の一つは、日本の正社員の特徴である無限定な働き方である。日本の労働者は、無限定な働き方で長時間労働をこなす「正社員」と、勤務地や労働時間、仕事内容が限定された「非正規労働」や「限定正社員」の二つに大きく分かれる。

正社員は、雇用の安定と引き換えに、転勤も含め、あらゆる業務命令を受け入れ、長時間労働も厭《いと》わずに働く。

この無限定な働き方が、これまで綿々と続いてきたのには理由がある。それは、労使双方にとって合理的だったからだ。

使用者にとっては、繁忙期や新たな業務が発生した場合でも、現在いる従業員に仕事を割り振って乗り切ることができる。新たに人を採用して一から教育するよりも、現従業員に割増賃金（残業代）を払って残業させた方がコスト的に安くすむ。

一方、従業員にとっても、給与が増えるほか、不況期や事業撤退で余剰人員が生じた場合でも、残業時間を減らすことによって雇用が守られ、解雇されにくくなるというメリットがある。

だから雇用を保障してもらうためには、長時間労働をこなし、代替人員を雇わなくてもすむようにしなければならない。無限定な働き方をする正社員は、ある程度の長時間労働が前提になる。これが構造的な要因の一つめである。

余談になるが、これを悪用したのがブラック企業である。無限定な働き方とは「仕事の範囲が曖昧」ということであり、極論すれば、どんな仕事でも押し付けることができる。就職難の時期には、雇用保障される「正社員」という肩書で人を集めるのは容易で、長時間労働で使い倒してもすぐに代替要員を見つけやすい。買い手市場だから成り立ったビジネスモデルだった。

無限定な働き方には、ほかにも長時間労働を助長する要因がある。いかにも日本的な慣習と思えるものだ。

欧米の働き方は、雇用契約を結ぶ際に、仕事内容を特定した職務記述書（job description）を作成し、それに基づいて働く。仕事内容が明確に決まっているから、自分の仕事が終わればすぐに職場を後にしやすい。

一方、仕事の境界が曖昧な日本は、自分の仕事が終わっても同僚が残業していれば自分だけ先に退社しにくい。無限定な働き方は、こうした「道連れ残業」を生み、それも長時間労働につながっている。

政府や財界は、「正社員の無限定な働き方が長時間労働の一因であり、生産性停滞にもつながっている」と喧伝《けんでん》し、正社員改革によって日本的雇用システムを変え、欧米流のジョブ型正社員の導入などにつなげようとしている。これについては後ほど詳しく述べる。

人事評価や生計費も要因に

構造的な要因の二つめは、長時間労働が人事考課上で高く評価されてきたことだ。職場に遅くまで残っていることは自己犠牲を伴う。それが、会社や上司への忠誠心としてプラスに評価された。

働き方改革実行計画には「長時間労働を自慢するかのような風潮が蔓延《まんえん》・常識化している現状を変えていく」と明記された。経営者や従業員に染み込んだ長時間労働を礼賛する意識を、根本から変えなければならないといっているのである。

だが、こうした滅私奉公型の働き方が評価される前近代的な慣習を改めるには、勤務時間内できっちりと仕事を終える人こそ評価される、といった大転換が必要になる。裏返せば、人事評価で正当なものさしを持っていない企業が多かったということだろう。

三つめの構造的な要因は、残業代が貴重な生計費として家計に組み込まれていることだ。これは賃金の伸び悩みと無関係ではない。

この二〇年、パートタイムを除く労働者の実質賃金は、低下傾向にある。この間に消費税は段階的に上がり、社会保険料も上がり続けている。家計は間違いなく苦しくなった。貯蓄ゼロ世帯が三割以上を占めるという現実がそれを如実に物語っている。残業代がなければ、生活していけない世帯が多いのが実態なのである。

大和総研の試算では、働き方改革で残業時間の上限が月平均で六〇時間に規制されると、残業代は最大で年八兆五〇〇〇億円減少するという。個人差は大きいが、そのままでは手取りが月二万〜三万円減るという人が少なくないとみられている。

このため、経団連も慌てている。働き方改革に伴って時間外労働（残業代）が減少する分は社員に積極的に還元するよう経団連は加盟企業に促した。「2018年版　経営労働政策特別委員会報告（経労委報告）」は、「時間外労働の上限規制の趣旨を踏まえれば、社員の健康増進への助成や、職場環境の改善、生産性向上に向けたICT投資などが有力な手法となる。また、賞与・一時金の増額や、手当の創設・引上げ、基本給の水準引上げ（ベースアップ）なども選択肢」とした。

これには「生産性が上がったら」との前提がついているが、労働分配率の低下傾向を考えれば、経営者はこの報告に基づいてすぐにも対処すべきなのは明らかである。

労働側でなく経営側の問題
（*post-truth vs evidence*）

企業側と労働者側のそれぞれに、「残業が起きる原因」についてアンケートした結果がある。回答の多い順は次の通りである。企業側──①「顧客（消費者）からの不規則な要望に対応する必要があるため」②「業務量が多いため」③「仕事の繁閑の差が大きいため」。労働者側──①「人員が足りないため（仕事量が多いため）」②「予定外の仕事が突発的に発生するため」③「業務の繁閑が激しいため」。

（厚生労働省「平成28年版過労死等防止対策白書」）

長時間労働の原因として通説的にいわれてきたのは「だらだらと働いて生産性が低いから」「仕事の段取りが悪いから」。つまり、労働者に責任転嫁されてきた。

しかし、厚労省が企業現場を対象にしたアンケート調査では、実態は全く違った。「労働生産性が低いため」はほんのわずかであった。こうした言説は、業務量の多さに対して人員が不足しているという不都合な真実を覆い隠すポスト真実であることは明確だ。

それでは構造的な要因ではなく、長時間労働の真の原因に迫っていこう。ポスト真実に騙されないためには、客観的な事実、エビデンスをきちんと調べる必要がある。

労働や雇用といった問題は、教育問題と同様、ほとんどの人が実際に経験してきたことだったり、まさに日々向き合ったりしていることなので、実体験に基づいて一家言持っている。そのためわかったつもりになっているが、実際は、思い込みや陳腐化した古い情報にとどまっている場合がままある。だからこそ、エビデンスに基づくことが重要になる。

たとえば厚生労働省の「平成28年版過労死等防止対策白書」に、過労死の実態把握のためのアンケート調査が紹介されている。残業が起きる原因について、企業と労働者それぞれにアンケートした結果である（二〇一五年一二月〜一六年一月に実施）。

企業側の回答で多い順に「顧客（消費者）からの不規則な要望に対応する必要があるため」四四・五％、「業務量が多いため」四三・三％、「仕事の繁閑の差が大きいため」三九・六％、「人員が不足しているため」三〇・六％、と続いた。「労働生産性が低いため」はわずか四・四％だった。

一方、労働者側の回答をみても、「人員が足りないため（仕事量が多いため）」四一・三％、「予定外の仕事が突発的に発生するため」三二・二％、「業務の繁閑が激しいため」三〇・六％、と企業側の回答と符合する。

これら貴重な現場の声からわかるのは、長時間労働が発生するのは労働者に原因があるのではなく、業務量に対して人員が少なすぎるなど、経営側の責任に起因しているということだ。

「囚人のジレンマ」という負の均衡

「だらだらと働いて生産性が低いから」「スケジュール管理や段取りが悪いから」など、労働者のスキルに問題があるから長時間労働になる、と通説的にいわれてきた。しかし、それは現場の実態を知らない空論か、あるいは知っていても、人員不足という不都合な真実を覆い隠すための経営側の印象操作だったのではないかと思わざるを得ない。

ちなみに、日本を代表する企業が集まる経団連が会員企業を対象にした「労働時間等実態調査」(二〇一七年四〜五月実施)では、長時間労働につながりやすい商慣行として「顧客からの短納期要求」や「顧客要望対応」を挙げ、それらは一企業だけでは解決が困難と分析している。設問自体が長時間労働の「原因」ではなく、「商慣行」としているため、これでは実態に迫ることは難しい。むしろ、人員不足といった不都合な結果が出ないよう

図2　長時間労働の是正をめぐる囚人のジレンマ

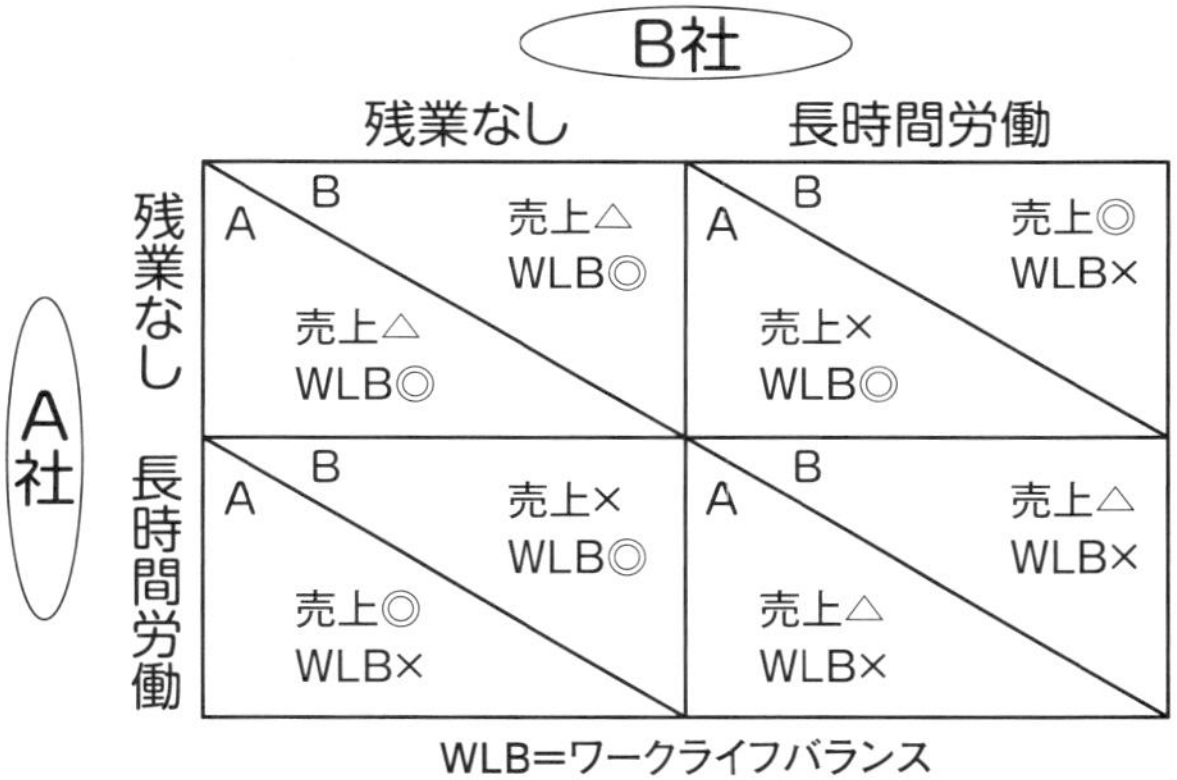

A社、B社がともに残業なしが最も良い結果となるが、相手の出方が読めないジレンマがある。

にしたのではないかと勘繰りたくなる調査である。

　不思議なことに、働き方改革実行計画でも、長時間労働の原因分析は見当たらない。多すぎる業務量と足りない人員という根本問題を放置したまま、単に時間外労働時間に上限規制を設けるだけでは、かえって持ち帰り残業などサービス残業が増えかねない。

　一方、経営者が長時間労働を是正しようとしても、それをためらわせてしまうものもある。いわゆる「囚人のジレンマ」である（【図2】参照）。経済学のゲーム理論のモデルで、個々の企業が良くないと思っていても、どうしても悪い均衡に陥ってしまうというものである。

企業Aと企業Bというライバル会社があったとする。A社もB社もそろって長時間労働を改めれば、ともに社員のワークライフバランスが実現する。しかし、自社だけ残業をやめ、相手が長時間労働を続ければ業績で差をつけられてしまうかもしれない。相手も同じように考えていると、結局どちらも長時間労働をやめられない「負の均衡」が出来上がってしまう。

ワークライフバランスの必要性はわかっているのに、競争上、相手とにらみ合いになり、お互いにやめるにやめられないジレンマに陥ってしまうということだ。労働時間の経済分析に詳しい黒田祥子・早稲田大学教授は「残業を減らしているとか、有給休暇が多いといった労働条件が良い会社に人材が集まるようになれば、長時間労働は減っていくだろう。経営者は労働条件の改善に取り組み、それをアピールすべきではないか」と、時間外労働の上限規制とともに経営者の意識改革の必要性も指摘する。

市場の選別を通して経営者の発想転換が促されれば理想的であるが、負の均衡は「市場のミスマッチ」といえる現象でもある。市場原理に過度に頼るばかりでなく、やはり経営者が自ら考え、英断を下すべきであろう。

2　同一労働同一賃金は本当に実現できるか

（*post-truth vs evidence*）

「長年議論だけが繰り返されてきた『同一労働同一賃金』。いよいよ実現のときが来ました。雇用形態による不合理な待遇差を禁止し、『非正規』という言葉を、この国から一掃してまいります」

（二〇一八年一月二二日、安倍首相の施政方針演説）

首相は二〇一六年六月の記者会見をはじめとして、たびたび「非正規という言葉を一掃する」というフレーズを使ってきた。しかし、その詳細は語らない。つまりは「非正規雇用をなくす」とも「正規と非正規の格差をなくす」とも言ったわけではない。単に「非正規」という言葉を使わないようにするだけなのかもしれない。

そうであるならば、これも「ポスト真実」と言わざるを得ない。

唐突だった導入表明

長時間労働の是正が正社員の働き方の最重要課題であるのに対し、非正規のそれは正社員との格差縮小、つまり処遇改善である。だから、働き方改革の二枚看板に長時間労働是正と同一労働同一賃金を据えたのは時宜を得たものといえるのだが、後者の同一労働同一賃金は、議論の俎上に上がる経緯からして何とも奇妙だった。

時系列で振り返ってみよう。

二〇一三年初めから本格始動した安倍政権は、経済政策アベノミクスの三本の矢を放った。雇用・労働政策は第三の矢の成長戦略のテーマだったが、当初はこれといって目新しいものは見当たらなかった。

アベノミクスの陰りが顕著になった一五年に、そうした見方を打ち消すかのように、安倍首相は「アベノミクスが第二ステージに入った」と唐突に宣言した。新三本の矢を掲げ、一億総活躍社会を旗印に「出生率の向上」や「介護離職ゼロ」など、労働力強化による経済成長を志向するようになる。

そんな中で、世間をあっと驚かせることが起きた。一六年初めの首相の施政方針演説。働き方改革として「同一労働同一賃金」に取り組むと表明したのである。

それは民主党（当時）などの看板政策といえるものだった。誰からも反対の声が出にくい政策である。横取りされた格好の野党でさえ、自分たちが主張してきた政策である以上、正面切って反対はできない。

そうした手法は、ボクシングの防御法で相手にしがみついて攻撃をかわすクリンチ（抱きつき）をもじり、「クリンチ戦術」とか「抱きつき戦術」と呼ばれるものだ。ルール違反ではない。しかし、防戦一方の敗色濃厚な選手が窮余の策として使うことが多いものだ。正々堂々と撃ち合う正攻法に比べれば、姑息《こそく》に映る。安倍政権はその後、クリンチ戦術が目立つようになる。

つまり、アベノミクスが失速する状況で、夏に迫った参院選を強く意識し、飛び付いたのが同一労働同一賃金といえる。安倍首相は「非正規という言葉を一掃する」と大見得を切り、正規・非正規の格差を解消する意気込みを示した。非正規労働者の歓心は買う。しかし、労働組合などからは「非正規の待遇を引き上げるのではなく、正社員の待遇を下げて非正規に近づけるのではないか」といった警戒感が強まった。

欧州に比べ大きい格差

そんな経緯をたどったが、非正規の処遇改善が時代の要請であることは間違いない。非正規で働く人は、今や、全労働者の四割を占める。しかし、非正規と正規の賃金格差にはまだまだ開きがある。欧州に比べると明らかだ。

待遇均等化を課すEU指令もあって、欧州では非正規の賃金は正規の八割前後（フランス八四・四％、英国八二・四％、イタリア八一・八％、ドイツ七五・一％など）なのに対し、日本では六七・三％にとどまる（内閣府の平成二七年度年次経済財政報告）。

ただ、この賃金格差の数字は正確さを欠いているともいえる。欧州では、正規といっても日本の無限定な働き方をする正社員とは違う。むしろ、勤務地や職務の変更、残業などがない限定正社員と比較すべきだからだ。残念ながら、限定正社員の処遇の実態把握は十分でないが、それでも無限定な正社員と非正規との比較に比べれば、格差が縮まるのは間違いない。日本で正規、非正規の賃金格差が最も大きいのは中高年層で、これは正社員の年功型賃金から生じている。

いずれにしても、非正規の処遇改善が必要なのは言を俟たない。以前は、非正規で働く人は主婦パートなど家計の補助的な役割が多かった。そのため、賃金や待遇面で正規との格差があっても、それほど問題とはされなかった面がある。

しかし、状況は大きく変わり、一家の家計を支える稼ぎ手に非正規が増えてきた。非正規の賃金が低いために結婚や出産をあきらめざるを得ない人も増えた。少子高齢化の一因として意識されるようになったのである。

さらにいえば、格差は経済成長を阻害するとの見方が広まった。

経済協力開発機構（ＯＥＣＤ）は、格差と経済成長について繰り返しレポートを発表している（たとえば https://www.oecd.org/els/soc/Focus-Inequality-and-Growth-JPN-2014.pdf）。メキシコや英国、米国など多くの国で、格差の拡大がその後の経済成長率を押し下げ、逆にスペインやフランスなどは格差縮小が一人当たりのＧＤＰ成長に寄与したという。格差が広がり、貧困が増える国では中・下層の人々の教育や職業訓練が不足し、その結果、生産性が下がって経済成長が押し下げられるという。

経済成長を至上命題とする政権としては注視すべき内容だったはずで、格差縮小の必要性を、以前よりも感じ取ったのかもしれない。

では実際に、働き方実行計画やガイドラインでは、同一労働同一賃金はどう決まったか。

そこでは「基本給・各種手当、福利厚生や教育訓練の均等・均衡待遇の確保」が謳われた。とはいえ、基本給や手当は「実態に違いがなければ同一の、違いがあれば違いに応じた支給を求める」としている。

つまり、能力や会社への貢献度によって「違いに応じた支給」を認めている。これは、違いや理由がつけば格差を容認するということであり、現状の格差を認めるのと同義なのである。

3　労働生産性が低いのは労働者の問題なのか

（*post-truth vs evidence*）

G7（先進七カ国）の中で日本の労働生産性が最低なのは厳然たる事実である。だが、日本経済絶頂のバブル期でも同じ状況だった。労働生産性の最上位国をみれば、そのカラクリがわかる。

一位アイルランド、二位ルクセンブルク、三位ノルウェー、四位ベルギー……。金融立国の小国や資源国に有利な指標だとわかる。資源の乏しい極東の島国が不利なのは明らかだ。そういった事実を伏せたまま、労働生産性の国際順位が低いことばかり強調する。これもまた、典型的なポスト真実の例である。

世界と比べる意味はあるのか

日本の労働生産性は、数値的に見ると確かに低い。

日本生産性本部が発表した「労働生産性の国際比較2017年版」によると、二〇一六年の日本の時間当たりの労働生産性は四六・〇ドル（四六九四円＝購買力平価換算）で、OECD加盟三五カ国の中で二〇位（次頁の【図3】参照）。米国の三分の二程度の水準である。就業者一人当たりの労働生産性は八万一七七七ドル（八三四万円）で同二一位だった。

だからといって、働く人がだらだらと残業したり、怠けていたりするとはいえないこと

図3　OECD加盟諸国の時間当たり労働生産性
（2016年／ 35カ国比較）

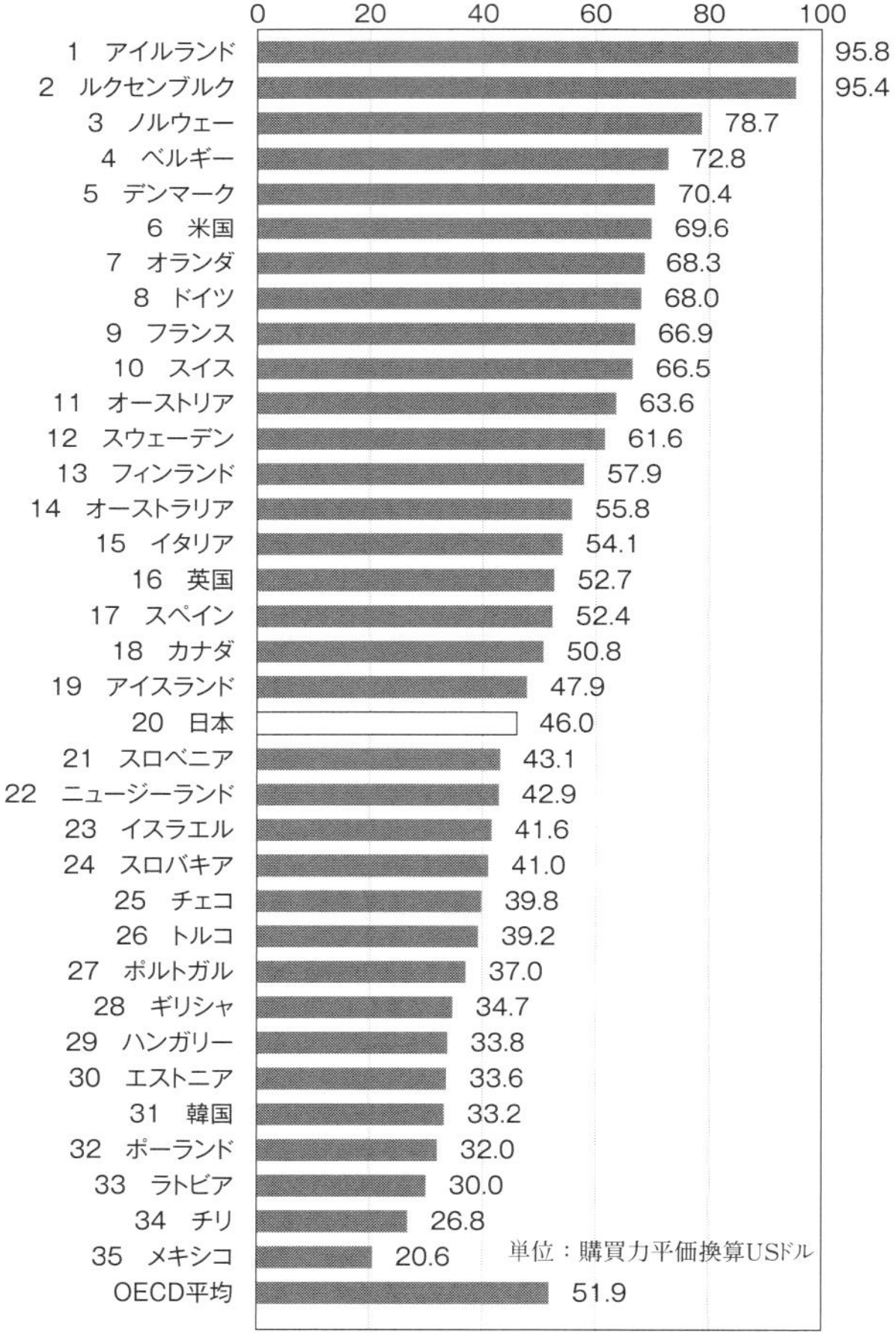

（公益財団法人　日本生産性本部）

は前述した。しかし、資料では「労働生産性」について「労働者がどれだけ効率的に成果を生み出したかを定量的に数値化したものであり、労働者の能力向上や効率改善に向けた努力、経営効率の改善などによって向上します。労働生産性の向上は、経済成長や経済的な豊かさをもたらす要因とみなされています」と解説してある。

一般論としてはそうかもしれないが、各国の労働制度や慣習を十分に考慮しないで数値化したものだから、どれほどの意味があるかは判然としない。つまり、エビデンスとしては説得力を欠くということだ。

そもそも労働生産性が高ければ、それでいいといえるものではないはずだ。例示としていえるのは石油コンビナートだ。労働生産性は非常に高い。それは莫大《ばくだい》な投資をしているからだ。コスト的には膨大な額がかかっているわけで、労働生産性が上がったからといって必ずしも豊かになるとはかぎらないのである。

そこで出てきたのが、労働だけでなく資本の投入まで考慮した全要素生産性（ＴＦＰ）という概念だ。長年、日本の生産性を実証分析してきた森川正之・経済産業研究所副所長は「経済学者は、本来ＴＦＰのほうが労働生産性よりもよい概念だという認識で一致しています」と述べている（日本評論社『経済セミナー』二〇一七年八・九月号）。

省力化などのための資本装備率の上昇によって労働生産性が上がった分を、労働生産性の上昇から除いた残りがTFPの上昇となる。経済官庁ではTFPは頻繁に使われるが、古いタイプの企業人は慣れ親しんだ労働生産性をいまだに使う。労働生産性は「一人当たり●万円」などとわかりやすいが、TFPは単位がない相対値となる。このため、今ひとつわかりにくく、敬遠されているようである。

話を元に戻そう。労働生産性が労働者の能力向上や効率改善の努力で数値が向上する可能性は否定しない。だが、働く人の頑張りだけで大きく改善できるものではないということだ。ランキングをみればわかるように、一位アイルランド、二位ルクセンブルク、三位ノルウェー、四位ベルギーといった、小規模な金融立国や石油などの資源に恵まれた国が上位を占める。また欧州連合（EU）のような地続きの需要地がある方が有利なのだろう。

資源に恵まれず、また島国でもあるというハンディを抱えるのだから、労働者の努力だけでは限界があるということは、はっきりさせておくべきだ。日本は先進七カ国の中で常に最下位で、バブルの時期でさえもそうだったのである。

日本の労働生産性が国際的に低いのは厳然たる事実だが、それは労働者だけの問題ではなく、省力化のための設備投資や人員不足の手立てなどに後ろ向きだった経営者の問題でもあるはずだ。

もっといえば、稼ぐ産業をつくれない国の産業政策や、アベノミクスが謳うような成長戦略、イノベーション（技術革新）が生まれない日本企業の問題でもあるのだ。

サービス業にこそ問題

労働生産性の実態を把握するには、全産業だけ見てもわからない。製造業と非製造業、さらには具体的な産業別に見る必要がある。

日本ではサービス産業がＧＤＰベースでも、また就業者ベースでも全体の七〜八割を占めるまでになっている。

ところが財務省の「法人企業統計年報」によると、二〇一五年度の労働生産性（就業者一人当たりの付加価値額）はサービス業が五二一万円、卸売業・小売業が六四〇万円と、全産業平均（七二五万円）を大きく下回っている。

製造業ではＩＴ化や機械化が進展しているが、人手による仕事が多い労働集約型のサービス産業では、製造業のような省力化にはどうしても限界がある。とはいえ、米国やドイツなどではサービス産業の生産性は向上している。日本だけが生産性が低下しているのは、何か特殊な事情があるのである。

高品質・高サービスは日本が世界に誇れるものだ。しかし実は、そのレベルの高いサービスが足を引っ張っている。正確には、レベルの高いサービスに適合する値付けが行われていないことが生産性の低さの要因である。

かつてハンバーガー・チェーンに「スマイルゼロ円」というキャッチフレーズがあったが、日本のサービス産業はレベルの高いサービス（たとえば宅配業者の再配達や時間指定配達など）をタダ、あるいはタダ同然のような価格で提供してきた。大したサービスでもないのに、機械的にチップを支払う海外の文化、習慣と対照的なのである。

当たり前のようになった低廉な「おもてなし精神」は、競争相手との関係上、引くに引けない状況になる。おもてなしの過当競争である。「サービス」の価値を消費者に納得させて相応の値段で買ってもらうことをせず、結果的に適正な価値を生まない非効率さとなっているのである。ここへきてようやく、宅配業の値上げやコンビニ、外食チェーンの二四時間営業の見直しといった動きがあるが、それは人手不足による事情といっていい。

高い品質に見合った値付けをし、十分な利益を上げて、賃金の引き上げに回す。そうしたサービス価格の引き上げを起点とした好循環をつくり出さなければ、サービス産業の発展も、日本経済のデフレ脱却も実現できない。

繰り返しになるが、これも労働者の働き方というよりも、経営者の判断であることは言うまでもないことである。

4　日本的雇用の善と悪

特徴は「三種の神器」

安倍政権が主導した働き方改革は、時間的な制約もあって、中心テーマは長時間労働是正と同一労働同一賃金を柱とする中途半端な議論にとどまった。だが、経団連をはじめ財界・経済界に、「長期にわたる日本経済の低迷を打破するには日本的雇用を変えなければならない」との主張は根強い。

それは、前述の「長谷川ペーパー」でも、旧日経連の報告書「新時代の『日本的経営』――挑戦すべき方向とその具体策」でも明らかである。労働コストの低い国々とのグローバル競争時代にあって、年齢が上がるにつれて賃金が高くなる年功賃金や終身雇用を続けていては太刀打ちできない、との意識は多くの財界人に共通する。

だから、働き方改革実行計画には、日本的雇用システムを変えていくための楔《くさび》がいくつも打たれている。それは第四章で詳述するとして、まずは日本的雇用とは何かをみておきたい。

一般的に日本的雇用は、終身雇用、年功賃金、企業内労働組合のいわゆる「三種の神器」を特徴としている。ちなみに、この「三種の神器」を指摘したのは米国の経営学者だったジェームズ・アベグレンで、戦後の日本企業の発展の源泉が、終身雇用、年功序列、企業内組合にあることを突き止めた。終身雇用という言葉の生みの親としても知られる。

終身雇用は、一般に大学卒で企業に採用された場合、定年までその企業に雇用され続ける。よほどのことでもない限り、中途で解雇されないし、転職することも少ない。だから死ぬまでの生涯という意味ではないものの、就職から定年まで長期にわたって雇用され続けるのを終身雇用と呼んでいる。

年功賃金は、狭義には年齢や勤続年数に応じて賃金が上がる仕組みのことをいう。広義には、年齢、勤続年数によって職位が上がり昇進していくという年功的な処遇全般を含めて年功賃金ということが多い。

最後に企業内労働組合とは、その名の通り、労働組合が企業単位で組織されていることを指す。欧米では、伝統的に労働組合は産業別や職種別に組織されているところが多いのとは対照的だ。労使交渉も、春闘では産別に基本方針を決めるとはいえ、基本的に企業別に行っている。

ジェットコースターのような評価

歴史を振り返れば、日本的雇用制度はその時々で評価が大きく揺れてきた。見直し論から称賛・擁護論、そしてまた不要論と、ジェットコースターのように評価は激しく上下したが、それでも途絶えることなく受け継がれてきた。

終戦後から高度成長期までは、年功賃金にしても、また企業内労働組合にしても、「日本的雇用制度は前近代的である」との議論が盛んだったといわれる。能力や成果に応じて賃金が支払われる形の方が近代的であり、労使関係も、欧米のように産業別に労働組合が形成されるべきだという議論が一般的だった。

ところが、一九七〇年代の二度にわたるオイルショックを先進国の中でいちはやく克服し、日本が世界で冠たる経済大国といわれ始めると、日本的雇用の評価は一変する。この七〇年代半ばから八〇年代末ごろまでの日本経済最盛期は、日本的雇用こそが繁栄の源泉として国内外で称賛された。

その後、バブル経済が崩壊し、「失われた一〇年」「失われた二〇年」という長期低迷に陥ると、「日本的雇用こそが停滞の元凶である」といった論調が出てくる。終身雇用制度のために雇用の流動化が進まず、衰退産業から成長産業への産業構造の転換が遅れたと指摘。年功賃金により中高年層の労働コストがかさみ、国際競争力を衰えさせる――などといった悪玉論・不要論が、現在に至るまで根強く続いているのである。

働き方改革は、本来であれば、日本的雇用の善玉論も悪玉論も含めて広範に検証し、真正面から丁寧に議論を重ねるべきだったし、そうでなければ「改革」などという大それた看板はふさわしくない。

日本的雇用の桎梏《しっこく》、つまり足かせと手かせは、悪玉論にいわせれば年功賃金と終身雇用である。そして、それらを生んでいるのは、職務や勤務地、労働時間を限定しない働き方をする正社員である。

バブル崩壊後の一九九〇年代半ば以降、日本企業では年功序列が崩れ、年功賃金から成果主義への転換がブームになった。だが、成果を出すためにより長時間労働を助長すること、さらに評価制度の難しさ、チームワークの乱れといった弊害も大きいことがわかり、揺り戻しも起きている。

賃金制度に限らず、正社員の構造自体をどう変えるのか、あるいは変えないのか。それが見えないのである。時間的な制約を設けず、じっくりと労使で話し合わなければならないはずだ。

第四章　雇用制度を変えるべきか

1　重用される応援団の言説

（*post-truth vs evidence*）

「不況期にも正社員の雇用が保障されるのは、その代わりに雇用契約の更新が打ち止めになる非正社員がいるからだ。正社員の年功賃金を支えているのもフラット賃金の非正社員である。『雇用が不安定で低賃金の非正社員の働き方を規制でなくせば、皆が正社員になれる』という、夢を見ているかのような論者も少なくない。／同一労働同一賃金の実現を妨げている最大の要因は、正社員の年功賃金にある。この自明の事実を避けて通るために、あえて年功賃金を正当化する様々な屁理屈を捏《こ》ねるのは真の『働き方改革』ではない」

（八代尚宏著『働き方改革の経済学――少子高齢化社会の人事管理』）

新自由主義の信奉者で知られる八代氏は、労働格差の是正を強く訴えるが、その主張は、年功賃金など正社員の過度の身分保障を見直し、待遇を下げることによって非正規との格差を縮めるべきだ、というものだ。氏の正社員改革論や雇用流動化論は、財界の主張ときわめて親和性が高い。

財界や自民党の意向を代弁

経団連と自民党にとって雇用の流動化、すなわち日本的雇用システムの見直しは長年の悲願である。しかし、それは労働組合や国民の多くが、不安あるいは拒否感を抱く難問である。いかにして反発を鎮め、実現につなげるか。

そこで頼りになるのが、応援団たり得る学者たちだ。どの分野にも政策ブレーンや応援団は存在するもので、労働経済、労働法分野にも経団連や自民党の意向を理論的に支え、重用される専門家たちがいる。八代尚宏・昭和女子大学特命教授や竹中平蔵・東洋大学教授、小嶌《こじま》典明・関西外国語大学教授らは規制改革推進の論客として労働改革にも積極的に発言する。

多くは新自由主義の信奉者で、日本経済の長期停滞の元凶は、制度疲労を起こしている日本的雇用システムにある——と主張。政府の審議会や研究会などの委員に任用され、政権の意を酌んだ言説を展開し、閣僚らに自説を訴え、答申や報告書を利用した政策づくりに一役買う。

その手法はある意味、パターン化しているといっていい。海外の知見、特に新自由主義が色濃い国際通貨基金（IMF）やOECDの分析、資料から都合のいい部分を取り出し、日本的雇用システムがいかにグローバルスタンダードとかけ離れているか、という論を展開するのである。

先に結論ありき。しかし、あえて遠回しに議論を展開していき、「だから日本的雇用は変えなければならない」と、議論を着地させる。たとえば、こういった具合だ。

正社員の保護が手厚いことについて、直接的に攻撃するのではなく「フリーランスなど新しい働き方が増えてきている中で（正社員は）恵まれすぎではないかという声を聞く。

既得権益化して不公平感を生んでいるのであれば問題だ」。外堀を埋めるように巧妙に攻めるやり方が、働き方をめぐる一連の議論でも展開されてきた。

審議会や研究会を隠《かく》れ蓑《みの》にして政策を推し進める手法は、これまでも多々あった。だが働き方改革をめぐっては、研究会や懇談会、有識者検討会が次から次へとつくられ、同じような「応援団員」による提言が頻繁に行われた。労働界からメンバーを選ばない会議もあり、一方的な議論がとんとん拍子に進んだ。「肝心の『働き方改革実現会議』でも、企業経営者が七人に対し労働界からは一人で、会議ごとの発言時間も一人二分しかない。あまりに偏りすぎの運営」と指摘する声が労働経済学者らから聞こえてくるほどだった。

さらに、人材ビジネスなど労働分野に新たな利権が生まれかねない懸念もある。「多様な働き方が時代の要請である」と、もっともらしい言説を唱え、規制緩和を進める。おかげで非正規労働の関連業界は隆盛し、気がつけば、言説を振りまいていた当事者が関連業界の重要ポストに収まっていたというような話である。

業界や特定の事業を振興し、その見返りを受けるようなもので、森友・加計学園問題を例に挙げるまでもなく、行政と民間事業者の関係や距離感に疑義が生じかねない。中立・

公平であるべき行政が特定のビジネスに肩入れしているのではないか、との批判が労働分野においても聞かれるのだ。これは注意すべき重要な動きなので、後で詳述する。

年功賃金は本当に「不合理」なのか

政府の懇談会などで重用されている学者らの言説とはどういうものか。その典型的な主張をみてみよう。

日本的雇用システムについては、当然のことながら否定的な評価を下す。八代氏は前出の著書で「現行の雇用慣行は過去の高成長と若年者中心の人口構造の下で大きな成果を上げたが、今日の成長減速と高齢化で様々な不都合が生じている。過去の成功体験にとらわれた労使に委ねれば、必要な改革が進まない」と指摘。日本的雇用が「失われた二〇年」といわれる経済の長期低迷や少子高齢化の元凶であるかのようにみなし、これまで幾度も改革を試みながら、ほぼ原形をとどめる「岩盤」と喩《たと》えるのである。

彼らが日本的雇用の特徴として挙げるのは次のようなものだ。欧米の働き方である職務給型は、あらかじめジョブディスクリプション（職務記述書）により職務の内容は明確に決まっている。これに対して日本の正社員（職能給型）は「ジョブディスクリプション（職務記述書）がなく、どの職務に従事するかは企業が決定し、必要な訓練も企業が実施する一方、従事する職務に関係なく賃金は年功的に上昇し、貢献度が低くても雇用が守られる」（二〇一七年八月三一日付「日本経済新聞」「経済教室・労働市場改革の意義㊤　大内伸哉・神戸大学教授」）と指摘する。

働く側からみれば、長時間労働を受け入れ、過重労働に耐えて、その代償として賃金と雇用の安定を得る。企業側からみれば、高校や大学を出たばかりのリスクある未熟練の人材に賃金と雇用を提供する一方、職務や配転などを通じて一から教育し、均質性の高い熟練労働者に育て上げるという「裁量権」を手にする。

学者らがやり玉に挙げるのは、正社員の強固な保護や年功的な賃金である。

確かに現状だけを切り取って論じれば、前述のような見方もできるだろう。しかし、現在の雇用制度は戦前から労使が協議を重ね、修正しながら築き上げてきたものだ。賃金を年功的にゆっくり上げていくのは、企業が育て上げた貴重な熟練労働力を長期に確保しておくための知恵である。すなわち、企業の負担で形成された技能を「持ち逃げ」されないよう、「中途で退職すると損」になる賃金体系にしている。若年時代は賃金を低く抑え、勤続年数に応じて賃金が上昇して、最終的に帳尻が合う賃金カーブになっている。多額の退職金も、生涯を通じた「後払い賃金」である。

だから、企業にとってきわめて合理的な仕組みであり、従業員にとっても、住宅取得や子供の大学進学など出費が増える中年期以降に賃金がピークに向かっていくのは理にかなっているだろう。

しかし日本的雇用に否定的な論者の多くは、こうした理由も経緯も省いて「勤めるにつれて自動的に賃金が上がっていくのは合理的でない」と乱暴に切り捨てる。さらに、次に挙げるように、働く環境の変化を理由に「このシステムは行き詰まっている」と判断するのである。

技術の発達が変革迫る?

働く環境の変化では、少子高齢化による生産年齢人口(一五～六四歳)の大幅減少の問題が深刻だが、それとも関わりが深い技術の進歩についてまず取り上げる。すなわち人工知能（ＡＩ）など急速な技術の発達である。

日本大学経済学部の安藤至大《むねとも》教授は「技術進歩のスピードが加速し、人間の仕事が機械によって置き換えられる技術的失業が増える。未経験者を企業が育てることがなくなるかもしれない」と、長期雇用と、それに基づく時間をかけた人材育成を看板とする日本的雇用システムの変化を予想する。

働き方に大きな影響を与えるとみられた技術革新は過去にも多々ある。コンピュータの実用化をはじめ、半導体技術の進歩によるＭＥ（マイクロエレクトロニクス）革命、工場やオフィスの自動化であるＦＡ化やＯＡ化などだ。安藤教授は「これらが及ぼす変化は比較的スピードが緩やかだった。そのため高齢者は従来の仕事を続け、若者が新しい仕事に取り組むことが可能だった」と説明する。

前出の大内教授も「現在の技術の進歩は急速であり、再教育をしても習得された技能はたちまち陳腐化する可能性が高い。／そうなると企業は再教育に消極的になり、必要な人材を外部から調達しようとするだろう。古い技能の人材は潜在的なリストラ要員となる」という。教育投資が割に合わなくなり、企業は外部から人材を調達しようとする。「人材育成と雇用の安定が機能しないと、正社員という仕組みは持続できない」として日本的雇用システムの存立基盤が崩れるという見立てである。

大内教授は、知的創造性などの要素がない定型的な事務作業はＡＩで十分に置き換えが可能になり、工場従業員は当然のこと、「生産性が低いといわれる日本のホワイトカラーの仕事の大半」はロボットや機械に代替される可能性があるという。

ＡＩによる技術革新がかつてないほどの速さで社会を変える可能性を秘めているのは確かだろう。ただ、それはいつの変革時にもいわれたことではないだろうか。どんなにＡＩの普及が速いとしても、あらゆる業種が一斉に導入に走るものでもないだろう。

日本企業の持ち味は柔軟性であり、過去の変革時も窮地に陥るといわれながら、しなやかに乗り越えた。二度のオイルショックやリーマン・ショックなどの経済危機も含め、諸外国に比べて復元力が強かった。

雇用には極力手を付けず、賃金の抑制や労働時間調整など労使が協調して危機に取り組む。そうした日本的雇用の強み、家族主義とも称される協調性や助け合いの精神は日本企業の強さである。「人工知能（ＡＩ）の利活用が日本が抱えるさまざまな課題の解決に繋《つな》がる糸口にもなる可能性があります」と強調するのは、慶應義塾大学の山本勲教授だ（「平成28年版情報通信白書」、ＡＩと雇用に関する有識者インタビュー）。長時間労働がネックとなってやむなく非正規雇用に就く女性や高齢者が多いが「人工知能（ＡＩ）を効率的に使って生産性の高い仕事をすることができれば、正規雇用に就くことや、在宅でフレキシブルに働くことができるようになる」との見方を示すのだ。

リーマン・ショック時は、正社員の代わりに派遣労働者が犠牲になったとの見方もある。それならば、なおのこと非正規雇用を（限定）正社員化するなど、雇用安定を重視する「日本的雇用」を強化すべきではないか。

ＡＩ脅威論の修正が起きている

それより何より、ＡＩの波が一気に押し寄せるものではないとの見方が出てきている。ＡＩ脅威論の修正が起きているのである。

これまでの流れはこうだ。

二〇一三年にオックスフォード大学のマイケル・オズボーン准教授らが「今後一〇～二

〇年程度で米国の総雇用者の約四七％の仕事が自動化の危機にさらされる」との論文「雇用の未来　コンピュータ化への雇用の影響」を発表して、世界に衝撃が走った。

一五年には野村総合研究所が、オズボーン准教授との共同研究で「日本版の消える職業」をまとめ、国内の注目度が一段と高まった。六〇一種類の職業についてＡＩやロボットなどで代替される確率を試算。一〇～二〇年後には、日本の労働人口の約四九％が就いていた職業が代替可能になると推計した。

ところが、である。一七年になって、コンサルタント会社マッキンゼー・アンド・カンパニーの研究部門は、「ロボットやＡＩにより完全に置き換わる仕事は五％だけで、自動化が及ぼす影響はこれまでの予想よりずっと緩やかに進む」との予測を発表した。つまり、すべての職業に自動化可能な「作業」はあるが、完全に自動化される「職業」は五％だけだという。機械が機能するためには必ず人間がいなければならず、雇用が全面的になくなることはないと指摘した。

自動化が進んだ国ほど失業率が低いという傾向もある。日本はそうした国の一つである。そもそも理論上は自動化できる作業であっても、実際に機械やロボットを導入するかどうかは、コストと便益との兼ね合いになる。社会の理解や、人間の労働力の需給状況、法制面の整備といったことにも左右されよう。

マッキンゼー・アンド・カンパニーが予測するに、変化は「数十年かけて起きる」のである。

もちろんＡＩ技術者の人材育成は急務だし、ＡＩ化による社会変革がある程度見通せる場合には、ロボットなどに代替されない仕事に労働者を誘導するような政策も必要になってくる。そのときに大事なのは、人間とロボットが協働して生産性を高める体制にすることや、自動化によって生まれる時間で新たな仕事を見つけるようにすることだろう。

マッキンゼー社などによれば、「なくならない仕事」とは、カウンセラーやツアーコンダクター、福祉や介護施設職員、保育士、教員など「人間的な感情交流が大切な仕事」と、商品開発部門や工業デザイナー、芸術関係など「知的創造性を発揮する仕事」だという。

不確かな見通しや極端な言説に惑わされて拙速に行動する愚は避けるべきだ。ＡＩ化などを理由に危機感を煽り、すぐにも日本的雇用システムの変革を進めようとする動きには、よくよく注意しなければならない。

成長至上主義の呪縛

日本的雇用に否定的な論者が主張する意見の検証を続ける。次なる主張は、労働力人口の減少である。

日本の人口は、直近の統計で一億二七〇九万人（二〇一五年国勢調査）だ。今後は二〇四〇年に一億一〇〇〇万人強に減り、五三年に一億人割れ、六五年には八八〇〇万人強にまで落ち込む（国立社会保障・人口問題研究所の推計による）。

生産年齢人口（一五〜六四歳）も、急速かつ大幅に減少する。現状の約七七〇〇万人強が四〇年に六〇〇〇万人、六五年には四五〇〇万人強と半減に近くなり、労働力不足への対策はまったなしといえる。

生産年齢人口の急減分を補うために、政府は「一億総活躍社会」として女性や定年後の高齢者らに労働力となるよう呼び掛けた。だが、実際問題として「一家の大黒柱である夫が転勤、残業なんでもありの無限定正社員であれば、妻は必然的に専業主婦として家庭を守ることが求められてきた。また、子育てや介護を考えると、女性が無限定正社員のままキャリアを継続させることが依然として難しい状況」（鶴光太郎・慶應義塾大学大学院商学研究科教授著『人材覚醒経済』）であり、女性や高齢者に正社員のような無限定な働き方を期待することは難しい。だから、これまでの正社員中心の日本的雇用を維持することはできなくなる――。こう否定論者は主張する。

しかし、これは我田引水の議論ではないか。現在でも共働きをこなしている世帯は少なくないし、再雇用でなく本格的な定年延長をする大手・中堅企業が広がりをみせている。六〇歳定年を六五歳に延長し、支店長職など責任の重い職務も任せ、高い給与水準も維持する企業がどんどん増えている（明治安田生命、ホンダ、日本ガイシなど）。外国人労働者の本格的な受け入れも検討に値するだろう。

生産年齢人口の減少分と、ＡＩで進む機械やロボットによる省人化分との兼ね合いもある。労働力は減るが、機械によって代替が進めば帳尻が合うかもしれない。これはまだ、誰にもわからないことである。

否定論者の主張の最大の問題点は、これまでと同様に成長至上主義の発想にとどまっていることにある。この二〇年、ひたすら成長を目指し続けたが、かつてのような高成長はとても実現できなかった。働く人は豊かになるどころか、むしろどんどん貧しくなったのである。

先に経済成長を目指すのではなく、国民の幸せを優先しなければならない。これまでと同じ考えのまま、減少する労働力をただ補うという主張ではだめだということだ。彼らにとっては雇用流動化を実現することが最優先であり、それが実現してからの明確な青写真がない。流動化自体が目的となっていて、その先のことは知らないといった風にしかみえないのである。

「雇用コストを削ればいい」という安易な発想

日本的雇用を否定する論者の最大の論拠は「経済低迷の元凶」説であろう。端的に言えば、日本経済の長期低迷は過去の成功体験にしがみついているからで、時代遅れの労働慣行を変えなければいつまでも浮上できない、というものだ。

高度成長期から一九九〇年代前半までの「ジャパン・アズ・ナンバーワン」といわれた経済絶頂期は、賃金水準の低い若年層の人口が多く、高賃金の中高年層は少ない年齢構成だった。だから日本的雇用は機能したが、現在の年齢構成は、その逆である。若年人口が漸減する一方、社会保障の負担増要因となる高年齢人口は急増している。それは、正社員を雇用するコストが高くなることを意味している。

ここまでは事実だろう。しかし、雇用コストが上昇するなら、それをカットすべきだというのは安易な発想でしかない。雇用コストを削り、海外の安い労働力に対抗しようとしても、終わりの見えない消耗戦になるだけだ。負のスパイラルに自ら飛び込むよりも、「違う土俵」、いや「王道」で勝負すべきではないか。付加価値の高いモノ、サービス（第六章で実例を紹介する）で勝負する。それこそが経営側に求められる最大の課題である。

日本的雇用を「経済低迷の元凶」とする主張は、経営者の責任回避を認めることにつながる。雇用システムの欠陥という以前に、経営者にかなりの問題があるはずだ。

経営者の問題とは何か。内部昇格の社長が多く、前例踏襲主義や短期的な利益の確保など、株主を過度に意識した守りの姿勢が目立つ。典型的なのは、内部留保ばかりを貯《た》める経営姿勢だ。過去最高の収益を記録していながら、いつまた起こるかわからない経済危機に怯《おび》えるように内部留保、すなわち流動性資金の確保を優先させている。

資金ショートだけで予期せぬ倒産に追い込まれかねないというのは、リーマン・ショック時にトヨタ自動車のような優良企業でも直面した事態ではあるが、いつまでもそんなトラウマに囚われ、守りの姿勢でいては、成長は望めない。昨今の高収益は、為替要因がプラスに働き、海外経済が好調に推移したおかげだ。これまでと同じ経営を続けていれば安泰という状況ではない。日本的雇用を論じるよりも、経営のあり方をよくよく見直すべきなのである。

筆者は、日本的雇用を何が何でも守らなければいけないという立場ではない。しかし、何の勝算もなく、これまで積み上げてきたものを投げ捨てるべきではないと考える。日本経済の低迷を脱する「魔法の杖《つえ》」など存在しないし、日本的雇用を変えなければ復活できないわけでもない。修正すべきところは修正し、残すべきところは残す。あるべき働き方改革や日本的雇用に対する考えは、本書エピローグで主張しようと思う。

2　経済産業省の誤った使命感

（*post-truth vs evidence*）

「兼業・副業に加え、雇用関係によらないフリーランサー、（中略）クラウドソーシングなど、新たな働き方が次々に出てきており、ビジネスの新しい芽となっております。経産省では、実態把握と政策に反映すべき論点整理のための研究会を立ち上げました」

（働き方改革実現会議における世耕弘成経産相の発言。二〇一六年一〇月二四日）

働き方改革の「陰の主役」は経産省である。安倍政権になって急に存在感が増した同省は、何か実績を挙げなければと気負い、雇用や労働政策面にまで踏み込んでいる。しかし、労働者保護という重要な使命を欠き、経済優先の発想で邁進すれば取り返しのつかないことが起き得る。新たな利権の芽も要注意である。

柔軟な働き方という欺瞞

働き方改革実行計画は、短期間の取りまとめを優先させたため、解雇規制緩和や職務給型、いわゆるジョブ型正社員の普及といったドラスティックな変革は今後に先送りされた。

しかし、安倍首相や経団連の念願である高度プロフェッショナル制度の導入が書き込まれたうえ、雇用流動化や使用者責任の縮小を進めるための布石がちりばめられていることはすでに指摘した。

さらに、その問題の根深さに気づきにくいが、非常に深刻な改悪の芽がある。それは「兼業や副業の推進」「テレワークの推進」「雇用によらない労働」「自営のような働き方」といった新しい働き方の奨励である。

政府はこれらを「多様で柔軟な働き方」という聞こえのいい表現で並べ、いかにも新しい働き方が労働者にとって大きなメリットをもたらすような印象を与えている。だが、真の狙いは違う。従来とは違う働き方を広めることによって、旧来の日本的雇用がいかに既得権益化したものか、「雇用されている人」がいかに恵まれすぎているかという印象を広める。それによって、日本的雇用の変革、雇用の流動化を一段と進めようとしているとみるべきだ。

新しい働き方とはどのようなものか、具体的な中身を順に見ていく。

まずは、政府の働き方改革実行計画（一三四〜一三五頁の【表6】参照）の中で強調された副業や兼業の推進である。同様にテレワーク（在宅型、非雇用型）の推進も掲げられている。ご丁寧にも、一〇年先までの普及促進スケジュールまで添えられている。

働き方改革実現会議の第二回会合（二〇一六年一〇月二四日）で、世耕弘成・経済産業相は「兼業・副業に加え、雇用関係によらないフリーランサー、（中略）クラウドソーシングなど、新たな働き方が次々に出てきており、ビジネスの新しい芽となっております。経産省では、実態把握と政策に反映すべき論点整理のための研究会を立ち上げました。この成果をこの会議でも紹介していきたい」と述べている。

この発言が示す通り、新しい働き方の旗振りに前のめりになっているのは経産省である。歴代政権と違い、安倍政権では経産省の存在感が圧倒的に大きい。その経産省の意向により、雇用や労働政策面にまで経済優先の姿勢が反映されつつある。

厚労省の領域まで侵食

本来なら、働き方改革は、労働者の権利を守る存在である厚生労働省のテリトリーのはずである。ところが、働き方改革実現会議の事務局である「働き方改革実現推進室」の室

（見直し）
（現行制度の適用除外等の取扱）
（事前に予測できない災害その他事項の取扱）
（取引条件改善など業種ごとの取組の推進）
（企業本社への監督指導等の強化）
（意欲と能力ある労働者の自己実現の支援）

5.柔軟な働き方がしやすい環境整備

（1）雇用型テレワークのガイドライン刷新と導入支援
（2）非雇用型テレワークのガイドライン刷新と働き手への支援
（3）副業・兼業の推進に向けたガイドラインや改定版モデル就業規則の策定

6.女性・若者の人材育成など活躍しやすい環境整備

（1）女性のリカレント教育など個人の学び直しへの支援などの充実
（2）多様な女性活躍の推進
（3）就職氷河期世代や若者の活躍に向けた支援・環境整備

7.病気の治療と仕事の両立

（1）会社の意識改革と受入れ体制の整備
（2）トライアングル型支援などの推進
（3）労働者の健康確保のための産業医・産業保健機能の強化

8.子育て・介護等と仕事の両立、障害者の就労

（1）子育て・介護と仕事の両立支援策の充実・活用促進
（男性の育児・介護等への参加促進）
（2）障害者等の希望や能力を活かした就労支援の推進

9.雇用吸収力、付加価値の高い産業への転職・再就職支援

（1）転職者の受入れ企業支援や転職者採用の拡大のための指針策定
（2）転職・再就職の拡大に向けた職業能力・職場情報の見える化

10.誰にでもチャンスのある教育環境の整備

11.高齢者の就業促進

12.外国人材の受入れ

13.10年先の未来を見据えたロードマップ

（時間軸と指標を持った対応策の提示）
（他の政府計画との連携）

表6　働き方改革実行計画

（2017年3月28日　働き方改革実現会議決定）

1.働く人の視点に立った働き方改革の意義

（1）経済社会の現状

（2）今後の取組の基本的考え方

（3）本プランの実行

（コンセンサスに基づくスピードと実行）

（ロードマップに基づく長期的かつ継続的な取組）

（フォローアップと施策の見直し）

2.同一労働同一賃金など非正規雇用の処遇改善

（1）同一労働同一賃金の実効性を確保する法制度とガイドラインの整備

（基本的考え方）

（同一労働同一賃金のガイドライン）

① 基本給の均等・均衡待遇の確保

② 各種手当の均等・均衡待遇の確保

③ 福利厚生や教育訓練の均等・均衡待遇の確保

④ 派遣労働者の取扱

（法改正の方向性）

① 労働者が司法判断を求める際の根拠となる規定の整備

② 労働者に対する待遇に関する説明の義務化

③ 行政による裁判外紛争解決手続の整備

④ 派遣労働者に関する法整備

（2）法改正の施行に当たって

3.賃金引上げと労働生産性向上

（1）企業への賃上げの働きかけや取引条件の改善

（2）生産性向上支援など賃上げしやすい環境の整備

4.罰則付き時間外労働の上限規制の導入など長時間労働の是正

（基本的考え方）

（法改正の方向性）

（時間外労働の上限規制）

（パワーハラスメント対策、メンタルヘルス対策）

（勤務間インターバル制度）

（法施行までの準備期間の確保）

長代行補には、経産省から内閣府に出向していた新原浩朗・政策統括官が就いて中心的に取り仕切るなど、労働政策面でも経産省の勢いが増しているのである。

労働問題は、生身の人間の人生やその家族の幸・不幸をも左右する重い政策である。それを、産業政策を担う経産省が担うとなれば、利益相反のような問題が生じないだろうか。労働者の権利が危うくなるのは目に見えている。

経産省のビヘイビア（ふるまい）にも危うさを禁じ得ない。「イクメン」「プレミアムフライデー」などといったキーワードをつくっては、あたかも時代のトレンドのように仕立て上げる。副業（複業という言葉遊びもしている）・兼業も、この流れと同じだ。

すなわち、働き方改革という流れに引っかけて予算を獲得しよう、という中央省庁に共通する習性に加え、官邸から重用されていると自認する同省は、常に何か目玉となる政策を打ち出さなくてはならない――という「誤った使命感」を持っているのだ。

かつては許認可権や政策金融の差配など広範な産業政策で日本経済の躍進を主導した花形官庁も、景気が長期低迷する中、往時のような輝きも存在感も失ってしまった。毎年、カタカナを多用した政策アドバルーンを打ち上げるなど「少しでも目立とうと必死だ」といった陰口もきかれるほどだった。

それが安倍政権になって風向きが変わった。「省庁の中の省庁」「最強官庁」といわれてきた財務省は、その増税志向が政権のベクトルとは合わず距離を置かれることになり、代わって台頭したのが経産省だ。アベノミクスの実戦部隊として、官邸との結び付きが強まったのである。

そもそも論でいえば、経産省は設置法で「民間の経済活力の向上及び対外経済関係の円滑な発展を中心とする経済及び産業の発展」を図ることを任務に定めており、産業政策としてさまざまな問題提起をすることは当然あっていい。

しかし、それは働く人の権利や労働条件等が担保され、公益にかなっていることが前提でなければならない。労働者を保護する厚労省の領域まで侵食し、「民間の経済活力向上」の名の下に企業や使用者側の利益優先の発想で進めようというのであれば、それは看過できないのである。

現場を知らずに「副業礼賛」(*post-truth vs evidence*)

副業・兼業を認めるにあたっての懸念について企業に聞いたところ、答え(複数回答可)は「本業がおろそかになる」「情報漏洩《ろうえい》のリスク」「競業・利益相反」の順で、それぞれ五〇%を超えた。さらに「長時間労働につながる」や「労務・労働時間管理上の不安」「人材流出のリスク」が続き、企業が抱く懸念や不安の強さが如実に現れた(二〇一六年度経済産業省委託による「働き方改革に関する企業の実態調査」)。

こうしたアンケート結果を裏付けるように、企業の八〇%超が副業・兼業を認めていないのが現実である。経産省が自ら手がけた調査でこのような実態が明らかになっているのに、なぜ、それほどまでに前のめりになるのか。

働き方改革は、長時間労働の是正を重要課題として挙げている。日本のフルタイム労働者の年間平均総労働時間は二〇〇〇時間を超え、副業どころでないはずだ。そのために時間外労働の上限規制を定め、勤務間インターバルなどの健康確保措置を強化しようとしているのではないか。それなのに、右手で労働時間を短縮しようと訴え、左手では副業や兼業を進めましょうと煽る。誰もが大いなる矛盾を感じるに違いない。

僥倖《ぎょうこう》のような形でメーンプレーヤーになった経産官僚だが、仕事にかける意識はどういったものなのか。雇用ジャーナリストの海老原嗣生《つぐお》氏は、彼らの本音を週刊誌にこう語っている。「巨額の公共投資をするんだったら予算もかかるし、新しい法律もつくらないといけない。しかし、そういうマイナスになることを僕らは一つもやっていないんだから、失敗してもいいじゃないですか」（「ＡＥＲＡ」二〇一七年一二月一八日号）。まさに誤った使命感と言わざるを得ない。

働き方改革実現会議の資料によれば、副業を認めていない企業は八五・三％（中小企業庁の一四年度調査）に上る。

経団連自体も副業・兼業の推進について声高に反対とは言わないが、決して賛成とも言わない。「本業への影響はもちろん、自社の情報が外部に漏れる恐れもある。労働時間の管理などさまざまな課題が残っている」（椋田哲史専務理事）と冷淡だ。日々、厳しい競争市場に身を置く経営者と、現場をよく知らずビジネス感覚に欠ける経産官僚との問題意識の落差は大きい。

企業が抱える「副業」のリスク

企業の人事担当役員に聞くと、副業・兼業の「解禁」を想定した場合、真っ先に脳裏をよぎるのは情報漏洩の危険性だという。記憶に新しいのは、新日本製鐵（現・新日鐵住金）の元社員から、高級鋼板の製造技術が韓国の鉄鋼大手ポスコに流出していた事件である。経団連を代表する企業で起きた産業スパイ事件は、大きなトラウマになっている。たとえ就業規則や誓約書で営業秘密の漏洩防止を厳格に決めたところで、ライバル社が欲しがる極秘情報の漏洩を一〇〇％防げる保証はない。副業・兼業の解禁は、そのリスクを高めるものだろう。

電機業界では、二〇〇〇年代前半に、技術者が金曜夜のフライトで韓国に飛び、現地のメーカーでアルバイトして日曜夜に帰国する問題が話題になった。その後、優秀な技術者は高給でヘッドハンティングされたり、シャープをはじめとして人材や技術がメーカーごと台湾や韓国、中国企業に傘下入りしたり、ということが続いている。ヘッドハンティングされたはいいが、欲しい技術を伝えたらすぐに解雇される「使い捨て」のようなケースも少なくなかったといわれる。

本質的な技術流出対策が道半ばのような状況なのに、急ごしらえの働き方改革の一環として副業・兼業を推進しようというのは拙速どころの話ではない。

連合も、法的な整備が不十分にもかかわらず副業・兼業を普及させようとする政府の姿勢に反対している。一層の長時間労働になる点や、複数就業では労働者の健康や安全に対する使用者側の責任が曖昧になりかねない点を厳しく批判している。

バラ色の未来ばかりを主張

経済産業省が強調するのは、諸外国に比べて兼業・副業の比率が低く、それが起業、すなわち新規企業の開業率の低さに結び付いているということだ。副業などを通じて外部の知見に触れ、人脈を広げればオープンイノベーション（社内のみの経営資源だけでなく、大学や他企業との連携による技術開発）の実現や起業も進むと説明する。さらに第二の人生の準備としても有効であると、バラ色の未来ばかりを主張しているのである。

だが、副業・兼業に対する企業の実態調査結果をみるかぎり、経産省の意気込みと企業側の実態との間には、埋めがたいほどの落差があることがわかる。

経産省が二〇一六年度に委託した「働き方改革に関する企業の実態調査」によると、副業・兼業を認めるにあたっての課題・懸念を尋ねた質問（複数回答可）に対し、企業は「本業がおろそかになる」六三％、「情報漏洩のリスク」五六％、「競業・利益相反」五〇％と、それぞれ半数以上を占めた。

さらに「長時間労働につながる」四一％、「労務・労働時間管理上の不安」三一％、「人材流出のリスク」二七％、「労災基準が不明確」一六％、と続いた。こうした、解決が容易でないさまざまな課題があるから、八〇％を超える企業が副業・兼業を認めていないのが現実である。

さらに、こういった資料もある。経産省の外局である中小企業庁が二〇一六年一一月に設置した「兼業・副業を通じた創業・新事業創出に関する研究会」に提出されたものだ。

独立行政法人、労働政策研究・研修機構による「雇用者の副業に関する調査研究」（二〇〇五年）で、それによれば、正社員の副業に関して「特にメリットがない」と答えた企業は七八・五％に達した。

デメリットについては「疲労による業務効率低下」九〇・五％を筆頭に、「組織規律の乱れ」「残業・休日出勤ができない」「社内情報の漏洩」が続いた。

こういうことを「百害あって一利なし」というのではないだろうか。企業にとって、ほとんどメリットがないばかりか悪影響が必至だから禁止しているのに、「実績づくり」を急ぐ経産省は無理強いする構えだ。

役所の仕事は、掛け声ではなく環境整備

ここで興味深い論理に気づく。経産省は、副業・兼業が起業やオープンイノベーションに役立つと喧伝し、解禁を主張する。一方、官邸を後ろ盾とする経産省の意向を無下《むげ》にできない経団連は「旗振り役になるつもりはない」（榊原定征会長）と、反対とも賛成とも言わないが、本音は反対である。

つまり、経産省の主張が正しいのであれば、起業やイノベーションが進まない一因は、

日本経済を支配している経団連が副業・兼業に否定的なことにある。経団連が傘下企業ともども副業・兼業を進めれば起業やイノベーションが進むというわけだ。しかし、それもエビデンスに基づいておらず、ポスト真実のような主張である。

たとえば、米国のハーバード大学やスタンフォード大学、英国のロンドン・ビジネススクールの優秀な学生たちは大企業に就職するよりも起業を選び、立ち上げた会社を億円単位で売却して大金を手にする。起業が盛んなのは、ビジネス教育の賜物であり、学生時代に素地ができている。

対照的に日本では、経団連を構成する大企業群が競って優秀な学生を採用するが、技術や情報の囲い込みに走る。結果として、米英に比べると起業やイノベーションは進んでいない。それは学生の安定志向やチャレンジ精神の欠如も要因であるし、教育体制も影響している。何よりも日本が起業しやすい経済・社会環境になっていないからで、経団連傘下の大企業だけでどうにかなるものでもあるまい。

むしろ、そういった環境整備こそが経産省の役割のはずだ。副業・兼業を推進すれば、それで起業やイノベーションが進むかのような幻想をふりまくのは不自然で、何か別の意図を感じざるを得ない。「本業」に支障がありそうな副業・兼業を半ば強引に進めるのは、あの手この手で日本的雇用システムを変えようという動きの一環であろう。

政府は二〇一八年一月、有識者会合の答申を受けて「副業・兼業の促進に関するガイドライン（指針）」を発表し、企業に「解禁」を迫った。だが、指針は「企業秘密の漏洩や長時間労働を防ぐため、契約書などを活用して副業の内容を従業員に届け出させることが望ましい」と心もとない内容だ。

健康確保など労働者の保護についてもおざなりである。「過労によって健康を害したり、業務に支障を来したりすることがないよう、労働者（管理監督者である労働者も含む）が自ら、本業及び副業・兼業の業務量や進捗状況、それらに費やす時間や健康状態を管理する必要がある」とし、副業・兼業を推奨しながら結局は労働者の自己責任だと突き放している。労災時の所得保障のあり方など問題は山積したままで、見切り発車のリスクは決して小さくはないはずだ。

現行法のままでは問題噴出

企業が就業規則をつくる際のひな型となる「モデル就業規則」も改正された。これまでは副業や兼業について「許可なく他の会社等の業務に従事しないこと」と原則禁止としてきたが、この記述を削除し、「労働者は、勤務時間外において、他の会社等の業務に従事することができる」という規定を新設した。モデル就業規則は、中小企業などが自社の就業規則に転用する場合が多い。これをひな型にすれば副業・兼業の解禁となるが、大手企業がどう対応するかが注目である。

すでにソフトバンク、ヤフー、ＤｅＮＡといったインターネット関連企業では、副業・兼業は導入されている。こうした企業は、オープンイノベーションを進めるうえで有効かもしれないし、人材が不足する中小企業へ技術や経験を伝える役割を担うこともできよう。これに対し、重厚長大型の企業が主流の経団連は、子会社や中小企業への転籍ならまだしも、副業・兼業を推進するメリットを見出すことはできまい。

そもそも業種や企業ごとに事情はさまざまなのに、政府が働き方改革という名目で上から一律に解禁を押し付けるのはおかしいし、無理がある。賃金の伸び悩みから副業・兼業で収入増を図らなければならない人が続出しているのであれば、そういう経済状況をつくり出したことに問題がある。

具体的な問題点を挙げれば、たとえばこうだ。本業と副業先の事業場を異にする場合、残業代を支払う義務があるのはどちらの事業主か。時間外労働の上限規制を超えた場合に刑事罰の対象になるのはどちらか。賃金が低い副業先で労働災害が起きた場合、労災保険の給付額は低い賃金ベースで決定されても良いのか。現行の法的ルールは副業・兼業を想定していないため、このままでは複雑で困難な問題が噴出するだろう。

そうまでして推進する意味があるのか。企業が労働時間の管理や残業代支払いの義務を負うことなく働かせることにもなりかねない。労働者だけが犠牲になり、それこそ本末転倒の働き方改革になってしまう恐れがある。

3　ビジネス利権の影

雇用関係によらない働き方?
(*post-truth vs evidence*)

雇用流動化を進めるため、柔軟な働き方として政府が推奨しているものに「ギグエコノミー」というものがある。企業に雇われるのではなく、個人請負の形で単発の仕事をこなす。テレワークなので時間や働く場所も自由だと喧伝している。だが、欧米では低報酬や不払い、中間搾取といった問題が噴出し、規制強化する流れである。

日本政府のアドバイザーを務めたリンダ・グラットン英ロンドン・ビジネススクール教授は「他国ではギグエコノミーが広がっているが、これを称賛するのは間違っている」と批判している。法制面はおろか、実態調査すら十分とはいえない新たな働き方を推すのは、ほとんど支離滅裂といっていい。

新しい働き方という点で全世界的に急拡大しているのが、「ギグエコノミー」と総称されるものである。ギグとは「単発」とか「短期の仕事」という意味だ。

インターネットを通じて企業が仕事を発注し、働く人が請け負うというクラウドソーシング（働き手からいえばクラウドワーク）が中心である。簡単にいえば、仲介事業者（プラットフォーマー）のサイトを見て、ウェブデザイン、データ入力、翻訳など企業が発注しているさまざまな仕事一覧からやりたい仕事を選び、応募する仕組みだ。原理的にはハローワークの仕組みと変わらない。

働く人は、企業と雇用契約を結ぶのではなく、自宅などにいながら仕事を請け負うことができ、好きな時間に好きな場所で働ける自由はある。「非雇用型テレワーク」に分類され、すなわち雇用関係によらない働き方である。

一方で、個人事業主（フリーランス）として働くので最低賃金は保障されず、働く人を守る労働基準法なども適用されない。だから、雇用されている従業員のような安定した待遇は望めない。

ギグエコノミー「先進地」の欧米では「報酬が低いうえ、労働者保護が十分でない」など問題化している。国際労働機関（ＩＬＯ）のガイ・ライダー事務局長は東京での講演（二〇一七年五月一二日）でギグエコノミーによって「一従業員と特定の経営者との間のフルタイムかつ期間の定めのない契約にのっとった標準的雇用関係から、時に戸惑うほど多様化した働き方に移行しているのではないか」と雇用・労働問題の脅威と受け止めている。

そのように多々問題がある働き方だ。だが政府の働き方改革実行計画は、これも「柔軟な働き方がしやすい環境整備」として推進しているのだ。

クラウドソーシングの問題点

雇用関係によらず、また単発で仕事を請け負う働き方は、それこそ終身雇用を特徴とする日本的雇用の対極にあるものだ。日本的雇用システムを変えていくのには都合がいいのだろうが、法制面も十分整わないうちに、政府は前のめりで進めようとしている。本当にそれでいいのか。

人生一〇〇年時代の戦略を描き、日本政府にも助言するリンダ・グラットン英ロンドン・ビジネススクール教授は「日本の終身雇用は大きな財産だ。他国では（短期契約や単発で仕事を請け負う）ギグエコノミーが広がっているが、これを称賛するのは間違っている」と警鐘を鳴らしている（「週刊東洋経済」二〇一七年一二月三〇日―二〇一八年一月六日号）。

クラウドソーシングの問題点を象徴した出来事がある。大手ＩＴ企業、ＤｅＮＡが運営する医療系サイトの盗用問題だ。

他社のサイトの記事や写真を無断盗用していたとして、ＤｅＮＡは二〇一六年一二月、記者会見を開いて謝罪し、運営していた一〇のまとめサイトの休止を明らかにした。実はそのライターたちの多くがクラウドワーカーだった。

ＤｅＮＡは仲介サイトで「知識のない人でもできる仕事です」とライターを募集。実際にライターは医療の専門的知識もなく、他社サイトの記事を盗用して記事化していた。さらに原稿料は一〇〇〇文字で五〇〇円ほどと異常なほど安く、ライターにとっては真面目に執筆するには割が合わない報酬と伝えられている。

クラウドソーシングの問題の本質とは、きわめて劣悪な賃金が設定されると、質の悪い商品やサービスが出回るばかりでなく、「悪貨は良貨を駆逐」して、健全な仕事までもが価格面で淘汰《とうた》されてしまい、経済の秩序が破壊されてしまうことだ。

経済産業省は、そんなクラウドソーシングを「ＩＴを活用した新しい人材調達の仕組み」として支援してきた。だが、事業者間の公正な競争ルールも不十分なままに普及している弊害が如実に現れたのである。

「単価が安い」「発注に追い立てられる」

もう少し実態を明らかにしていこう。

クラウドソーシングは、発注形態から三つに大別される。①制作期間や成果物が決まっている「プロジェクト型」②商品のデザインなどを競い合う「コンペティション型」③資格なしに誰でもできるデータ入力や紹介文作成など簡単な仕事をきわめて安い単価で依頼する「マイクロタスク型」——である。

発注企業側からすれば、安いコストで必要なときに必要な人材を必要な分だけ活用できるメリットがある。しかし、それは受注者側にとっては「単価が安い」ということであり、時に「発注に追い立てられる」など、自由な働き方とはいえない場合がある。アメリカでは最低賃金をはるかに下回る額での労働が少なくないうえ、「報酬不払い」「不当な中間搾取」といったトラブルも起きている。

雇用関係によらない働き方の問題に詳しい日本労働弁護団の菅《すが》俊治弁護士は、仲介事業者を問題視する。仲介事業者はマッチングサイトという受注・発注の場を提供しているだけと自己規定し、使用者責任を免れていると指摘するのだ。

シリコンバレー発の配車アプリ、ウーバー（Uber）の場合でいえば、ライドシェアを請け負う運転手に対し、仕事の受託率が一定値を下回ると、アプリの登録を解除して仕事をできなくする。運賃も、走るコースもすべてウーバーが決める。

仲介事業者はこうしたビジネスモデルで莫大な利益を挙げているが、雇用という形態をとらず、請負契約にすることで賃金や労働時間、社会保険料の支払い、安全配慮義務、団体交渉応諾義務などの使用者としての責任を免れているのだ。

英国ではウーバーのドライバーによる犯罪が相次ぎ、また障害者の乗車をめぐってトラブルを起こしたとして、ロンドン市は営業許可を失効させた。

こうしたライドシェアには、過疎地の足として期待する声もある。一方で、既存のタクシー業者などを廃業に追い込むなど安全安心なサービスが脅かされかねない危うさもある。

安易に公共交通に持ち込むべきでないというのが、米英などの教訓である。

プラットフォーマーの興隆

日本でもクラウドソーシング事業などで急速に業態を拡大しているのが仲介事業者、いわゆるプラットフォーマーだ。国内は大手二強といわれ、ランサーズが二〇〇八年から、クラウドワークスは一一年から事業開始している。

彼らは、発注企業と働き手の請負契約の仲介となるマッチングサイトを運営し、企業の発注金額の五〜二〇％をシステム利用料として受け取り、残りが働き手の報酬となる。仲介なので使用者責任はなく、社会保険料を負担することもない。

働き方改革実行計画では、この非雇用型テレワークについて、次のように課題を多く挙げている。

「働き手は、仕事内容の一方的な変更やそれに伴う過重労働、不当に低い報酬やその支払い遅延、提案型形式で仮納品した著作物の無断転用など、発注者や仲介事業者（引用者注・プラットフォーマー）との間で様々なトラブルに直面している」

率直すぎるといえるほどに、問題が山積しているのを認めているのである。

そうであれば、クラウドワーカー（働き手）の実態について大規模な調査を始めるとともに、極端に低い報酬を禁じた下請法などを参考に早急に法整備する必要があるはずだ。

だが安倍政権は、副業・兼業と同様に、この「雇用関係によらない働き方」も、環境整備が不十分と認めながら前のめりに推し進めているのである。なぜ、そんなに強引に突っ走るのか。

二〇一七年三月に経済産業省の「『雇用関係によらない働き方』に関する研究会」（メンバーは次頁の【表7】参照）がまとめた報告書に、その答えがある。そこではこう謳う。

「これまで常識だった一社就業に対する『兼業・副業』、オフィス勤務に対する『テレワーク（在宅就労）』、雇用関係による働き方に対する『雇用関係によらない働き方』の三つが互いに折り重なり、日本的雇用システムの見直しにつながっていく」

これも、日本的雇用システムの見直しを強力に進めるためなのである。

同研究会はゲストを含めメンバー八人で、そのうち、クラウドソーシング協会代表、副業・兼業を推進するプラットフォーマー企業から三人と関係者が半数を占め、残りは人材

表7　第4回「雇用関係によらない働き方」に関する研究会（2017年3月10日）

〈委員〉	
高橋俊介	慶應義塾大学大学院政策・メディア研究科特任教授
中野円佳	ジャーナリスト
中村天江	リクルートワークス研究所労働政策センター長
湯田健一郎	一般社団法人クラウドソーシング協会事務局長
〈ゲスト〉	
須藤憲司	KAIZEN PLATFORM CEO
曽根秀晶	ランサーズ株式会社取締役
田中優子	株式会社クラウドワークス執行役員
田中美和	株式会社Waris代表取締役
〈オブザーバー〉	（※2016年度時の組織名称）
厚生労働省	雇用均等・児童家庭局短時間・在宅労働課
中小企業庁	経営支援部小規模企業振興課

ビジネス系研究所員、人材仲介企業の代表、大学教授、ジャーナリストが各一人ずつ。偏った人選といわれても仕方ない構成である。報告書は、仲介事業者が果たしていく役割が強調され、企業と働き手のマッチングシステムといった本来の機能以外にも、働き手の教育訓練の場の提供や、自主的な優良事業者認定制度、ガイドラインの創設と運用などが列挙されている。

だが一方で、報告書には、発注する企業側は非雇用型の労働力の利用をためらっている実態が書かれている。フリーランス人材について「今後の活用も検討していない」と回答した企業の割合は半数近くに上った。DeNAが運営した医療系サイトの盗用問題が象徴するように、外部人材への業務の委託はまだまだ信頼性や品質の面でリスクがあるからだ。

仲介事業者の発言力が高まる

クラウドワーカーのレベルのばらつきや適性は、大きな課題だ。仲介事業者は「ディレクター」を設置して、ワーカーのレベルを見極め、それに見合った仕事の割り振りなどの対応を始めている。しかし、これこそ大いなる矛盾だ。

ワーカーたちは「非労働者」ということにされているのに、実質的にはディレクターによって労務管理されているからである。そうであれば、仲介事業者が使用者責任を免れたり社会保険料を負担しなかったりというのはおかしい。

いいとこ取りのような働かせ方を放置するばかりか、それを推奨する政府の「働き方改革」とは何なのか。二〇一八年度の税制改正では、所得税の控除見直しでフリーランスが減税になるようにするなど、雇用によらない働き方を支援する姿勢は際立っている。

成長戦略でこれといった成果が出ていないため、何か新しい成長分野を見出したいと政権が考えても不思議ではない。世界ではウーバーやエアビーアンドビー（Airbnb）などギグエコノミーが隆盛を極めているからだ。

しかし、働く側から見れば、減税になるとはいえ、最低賃金も適用されない世界だ。低い報酬であれば、稼ぐために長時間労働にならざるを得ない。「非労働者」という立場では働く人を保護する労働基準法などの適用もないのである。

現在は、人手不足が顕著な労働環境だから、育児や介護など多様な事情を抱えた人でも、テレワークを活用したり時間や勤務地を限定したりして「雇用されながら働く」選択肢はいくらでも考えられる。その方が生活は安定するはずだ。

非雇用型の働き方を促進するような「働き方改革」は、働く人の健康や安定した暮らしよりも企業の利益や経済成長を優先させていると批判されても仕方あるまい。

さらに非雇用型の働き方を促進することは、仲介事業者（プラットフォーム事業者）のビジネス拡大につながる。政策決定の場において、こうした仲介事業者の発言力が高まり、利益相反が起きていると警戒する向きが労働関係の識者や弁護士の間で高まっている。

人材派遣会社、パソナグループの会長を務める竹中平蔵・東洋大学教授は、かつて民放のテレビ番組（二〇一五年二月）で「露骨に利益代表ばかり集めた政府の審議会があるわけで、これって明らかに利益相反です。利益相反を前提とする審議会はつぶさないといけない」と語った。その竹中氏は、政府の産業競争力会議（現在は未来投資会議）のほか、国家戦略特区諮問会議の民間議員も務めているが、神奈川県の特区で家事支援外国人受入事業にパソナが事業者として認定（二〇一六年七月）され、「審査する側が仕事を受注した明らかな不公正な行為」（野党議員）と問題視された。また竹中氏は、ＮＨＫの「クローズアップ現代プラス」（二〇一八年五月三〇日）で「高プロの対象がどんどん増えなければ日本経済は良くならない」と強調し、働く人よりもビジネスや業者の利益を優先する姿勢を鮮明にした。

政府報告書が描く「二〇三五年の働き方」

(*post-truth vs evidence*)

「二〇三五年の企業は、(中略)目的が明確なプロジェクトの塊となり、多くの人は、プロジェクト期間内はその企業に所属するが、プロジェクトが終了するとともに、別の企業に所属するという形で、人が事業内容の変化に合わせて、柔軟に企業の内外を移動する形になっていく。(中略)企業組織が人を抱え込む『正社員』のようなスタイルは変化を迫られる」

(厚生労働省の懇談会の報告書「働き方の未来　2035」)

この報告書は、雇用によらない「非労働者」が主流となる展望を示した点でインパクトが大きい。だが働き方改革のさらに先を行く不確かな近未来図は、あまりに内容が不透明すぎてポスト真実にもなり得ない。ただ、不安を煽るばかりである。

「雇用関係によらない働き方」を、あたかも「自由な働き方」として礼賛する政府の報告書がもう一つある。厚生労働省の懇談会（メンバーは次頁の【表8】参照）が二〇一六年八月にまとめた「働き方の未来　2035」である。およそ二〇年後の二〇三五年の働き方をこんな風に展望している。

「技術革新は、働き方のみならず、企業や経済社会全体のあり方を大きく変革させる。自立した自由な働き方が増えることで、企業もそうした働き方を緩やかに包摂する柔軟な組織体になることが求められる」

「二〇三五年の企業は、極端にいえば、ミッションや目的が明確なプロジェクトの塊となり、多くの人は、プロジェクト期間内はその企業に所属するが、プロジェクトが終了するとともに、別の企業に所属するという形で、人が事業内容の変化に合わせて、柔軟に企業の内外を移動する形になっていく。その結果、企業組織の内と外との垣根は曖昧になり、企業組織が人を抱え込む『正社員』のようなスタイルは変化を迫られる」

もちろん、長期にわたって一つの企業に所属し続ける人はいる。しかし、雇用保障の有無などによって「正社員」や「非正規社員」と区分することは意味を持たなくなる。さらに進んで、従業員と個人事業主（フリーランス）との境がますます曖昧になっていき、多

表8　「働き方の未来 2035：一人ひとりが輝くために」懇談会

〈メンバー〉　＊現職名は 2016年4月1日時点

（座長）	
金丸恭文	フューチャー株式会社代表取締役会長兼社長 グループCEO
（事務局長）	
柳川範之	東京大学大学院経済学研究科教授
（事務局次長）	
磯山友幸	経済ジャーナリスト
青野慶久	サイボウズ株式会社代表取締役社長
浦野邦子	株式会社小松製作所常務執行役員人事部長
大内伸哉	神戸大学大学院法学研究科教授
小林庸平	三菱UFJリサーチ&コンサルティング株式会社 副主任研究員
小林りん	学校法人インターナショナルスクール・オブ・アジア軽井沢代表理事
冨山和彦	株式会社経営共創基盤代表取締役CEO
中野円佳	ジャーナリスト　株式会社チェンジウェーブ ダイバーシティ&インクルージョンデザイナー
松尾　豊	東京大学大学院工学系研究科特任准教授
御手洗瑞子	株式会社気仙沼ニッティング代表取締役社長
山内雅喜	ヤマトホールディングス株式会社代表取締役社長
山川隆一	東京大学大学院法学政治学研究科教授

〈アドバイザー〉

神津里季生	日本労働組合総連合会会長
榊原定征	日本経済団体連合会会長
樋口美雄	慶應義塾大学商学部教授
村木厚子	前厚生労働事務次官
八代尚宏	昭和女子大学グローバルビジネス学部特命教授

くの人が複数の仕事をこなすことによって収入を形成することになるだろう――そんな近未来図を描いているのである。

厚労省幹部はこの報告書をまとめた意図について「労政審を中心に目先の課題ばかり議論しているので、中長期の問題も考えるため」と説明した。雇用流動化を超え、「雇用関係によらない働き方」が多数を占める経済社会。個人請負のような非労働者が主流になっていく可能性を示唆したという点で、この報告書の持つインパクトは強い。派遣労働拡大の原点といわれた旧日経連の報告書「新時代の『日本的経営』」（前出）に匹敵するような衝撃度、と指摘する識者もいる。

「雇用関係によらない働き方」が広まっていくのなら、これまでの雇用を前提としたさまざまな法制度、社会の仕組みが再構築を迫られるはずだ。だが、刺激的な報告書は出すが、それに続く議論はこれまでのところ、なしのつぶてである。これではフリーランスやそれに関連した業界の期待は膨らむだろうが、労働組合や従来型の企業関係者にとっては混乱の種を撒《ま》き散らすだけのものになりかねない。

働き方改革のさらに先にある近未来は、働く人にとって幸せなユートピアになるのか。

それとも一段と格差や貧困が渦巻くディストピアになってしまうのだろうか。曖昧模糊《もこ》とした現状では、不安ばかりが先行するのである。

第五章　海外事例から学ぶ

1　「ドイツに倣え」論の誤り

成功例と失敗例を都合よく使い分ける（*post-truth vs evidence*）

海の向こうの例を出されると、思わず「なるほどね」と信じてしまう場合が多い。事情に疎いからだ。以下は働き方についてではないものの、典型的なポスト真実の例といえる。

「アルゼンチンはプライマリーバランス（ＰＢ＝基礎的財政収支）を無理に黒字化したら、翌年に債務不履行になった」「無理やりに経済に負荷をかければ、皆さんが就職できなく

なる」(二〇一七年一〇月、民放の衆院選開票速報番組で財政健全化への取り組みを問われた安倍晋三首相の発言)

首相自身の事実誤認か、周囲から入れ知恵されたものかは不明だが、この言説はそのまま全国に生中継された。国際金融や財政問題に詳しい人以外は信じてしまいそうだ。その後、首相の口からこの言説が出ないところをみると、誰かがご注進したのであろう。

日本の政府や財界から、「ドイツ経済の復活に倣い、その原動力となった労働市場改革を参考にしよう」といった意見がしばしば聞かれる。だが、これも真に受けてはいけない。ドイツで起きていることを知らずに言説を鵜呑みにすることはとても危険だ。

ドイツ経済は確かに回復した。しかし、国民の生活水準がどうなったか。日本にはよく知られていないが、格差拡大と貧困層増大が社会問題化した。「難民問題のせいではないか」と思うかもしれないが、そうではない。労働市場改革の結果なのである。政府や財界は、そんな事実を知らずに言説を振りまいているのかもしれないし、知っていてあえて振りまいているのかもしれない。

あらかじめ言っておきたいのは、海外の「成功例」を引き合いに出して「だから日本もお手本にすべきだ」といった言説には注意が必要ということだ。日本人が実情をよく知らないため、都合のいい情報だけを例示して政策誘導することがままあるからだ。必ずしも本当の成功例でなくとも、成功した一部を切り取って「成功例」とする場合もよくある。ドイツの労働市場改革もその一例で、日本人に知られていなければ「より効果的」だ。一種のポスト真実といっていい。

同じ手法だが、海外の「失敗例」を強調して反面教師にすべきだ、という言説もある。二〇一七年一〇月二二日に行われた総選挙開票速報番組での安倍首相の言説が典型的なものだ。財政健全化の本気度を問われ「アルゼンチンはプライマリーバランス（ＰＢ）を無理に黒字化したら、翌年に債務不履行になった」と発言した。発言は、ＰＢ黒字化の先送りを正当化しようとしたものと受け止められた。

しかし、これは事実と全く異なる。債務不履行の原因は、米国のハゲタカファンドが債務削減に応じない債権者からアルゼンチン国債を買い取り、米国の司法制度を「利用」して債務再編交渉を不調に終わらせたからだ。むしろ、アルゼンチン政府は債務不履行を回避けるためにＰＢ黒字化を実現したのだ。それなのに「ＰＢ黒字化」と「翌年に債務不履行」という事実だけを切り取り、都合のよいストーリーにした。遠いアルゼンチンを引き合いに情報操作をしたと指弾されても致し方ない例である。

ドイツ経済の光と影

話を本題に戻そう。確かにドイツは、一九九〇年の東西ドイツ統一後の経済低迷から二〇〇〇年代に入って短期間でＶ字回復し、その背景にはシュレーダー政権（一九九八〜二〇〇五年）による労働市場改革の断行があった。労働政策だけでなく社会保障政策を併せた広範な構造改革は、日本にとって参考にすべき点はあるだろう。

しかし、改革には当然のことながら光と影の部分があり、一五年近く経った今でも、労働市場改革の評価は分かれている。ＯＥＣＤが二〇〇八年に発表した「所得分配と貧困」に関する調査結果によれば、「ドイツは二〇〇〇年以降、ほかのどのＯＥＣＤ加盟国よりも所得格差と貧困が急速に拡大した」とされた。

企業の競争力が高まり、失業率は改善した半面、大量の低賃金労働者が生まれ、社会的格差の拡大と貧困層の増大を招いた。経済は回復しても、生活が向上したとは実感できない人が多く生まれた。その結果、幸せになれなかった人が増えた。こうした影の部分をつぶさに見れば、ドイツに倣った改革を行った場合、働く人の側が相当な痛みを伴うことは容易に想像できる。

そもそも当時のドイツと現在の日本の雇用環境は大きく異なっている。一〇%を超える高い失業率が続いていたドイツと、二・四%（二〇一八年六月、総務省の「労働力調査」）と完全雇用に近い状態の日本とでは正反対の状況だ。正確なエビデンスに基づく議論でなければ、大きな過ちを引き起こすだろう。

筆者がフランスに駐在していた時期（二〇〇一～〇五年）は、ちょうど欧州単一通貨「ユーロ」が日常的に流通し始めたころだった。東西ドイツの統一から約一〇年が経ち、旧東独との統一に伴う負担増もあって、ドイツ経済は惨憺《さんたん》たる状況だった。経済成長率は〇%台とほかの先進国を大きく下回り、失業率は〇四年から〇六年まで三年連続で一〇%を超えた。現在、ドイツが欧州で独り勝ちしている状況からは想像しにくいが、当時は「欧州の病人（Sick Man of Europe）」と呼ばれていたのだ。

その後、ドイツ経済はユーロ安で輸出競争力が増したことで徐々に息を吹き返した。リーマン・ショックで一時的に落ち込んだものの、二〇〇〇年代末からの急速な回復は記憶に新しいところだ。〇六年から一二年の実質GDP成長率は平均で一・六％、世界最大の経常黒字国となり、EU内で「一強多弱」といわれるほどの強さとなっている。それは税・社会保障も包含した労働市場改革の効果が実を結んだため、というのが定説になっている。

労働者保護からの大転換

一九九八年に発足したシュレーダー政権が二〇〇三年から四年がかりで進めた労働市場改革は、フォルクスワーゲン（VW）社の労務担当役員でシュレーダー首相の政策顧問を務めていたペーター・ハルツ氏が改革案を提示したことから、彼の名にちなんで「ハルツ改革」と呼ばれる。

従来のドイツの労働政策は、解雇規制の厳しさや失業者への手厚い保障など、労働者の保護に重きが置かれていた。しかし、東西ドイツ統一で特に旧東独地域の高失業率が深刻化。流動性が低く、硬直的な労働市場を何とかしなければならないとの声が高まり、それがハルツ改革案に反映されることになった。

改革案の柱は大きく三つに分類できる。①労働市場の大胆な規制緩和②失業者の労働市場への統合③労働市場サービスの機能強化——である。①では派遣労働の拡大や労働者の社会保険料負担が免除・軽減される低賃金雇用の拡大、②では失業保険の給付期間の短縮、失業保険と生活保護の融合、③では職業安定所や連邦雇用エージェンシーなど行政組織を再編、近代化を図った。

それまでの労働者保護重視の政策からの大転換である。特に②では、就労可能な人の失業登録を義務化し、正当な理由なしに紹介された仕事を断った場合は給付額の削減というペナルティーを科すなど、半ば強引に就労を促す仕組みを導入した。働く人の側にとって、非常に厳しいメニューが多かったのである。

この結果、失業率が下がり、就労者は東西ドイツ統一後で最大を記録することには成功した。ユーロ安（ユーロ高になった場合でも、貿易相手国とのインフレ格差で調整した実質実効為替レートでみると、ドイツにとっては実質ユーロ安になる）による輸出の急増も追い風になり、ドイツ経済はV字回復を遂げた。これらだけを見れば、大成功といえるだろう。労働政策にとどまらず、失業手当や生活保護などの社会保障制度や年金・税制改革など包括的な構造改革を進めた点も高く評価されてはいる。

しかし次項で述べるように、一五年経った今、社会にさまざまな傷跡を残していることも、また事実なのである。

2 格差と貧困増大の罠

新規雇用は低賃金の非正規ばかり
（*post-truth vs evidence*）

ドイツは労働市場など一連の改革断行により失業率は劇的に下がり、経済もV字回復した。雇用者数も二〇〇三年から一六年までに約四九〇万人増えた。この事実だけを並べれば、改革は大成功であり、「見習うべきだ」との声が上がってもおかしくはない。

だが、増加した雇用者のほぼすべてが、きわめて低い賃金の非正規雇用であった。この事実まで知れわたっていれば、評価はガラリと変わり、とても見習えとはならなかったはずだ（財界にとっては非正規でもかまわないのだろうが）。ドイツの復活劇の陰で、大量の困窮者が生まれ、深刻な格差社会となったのである。

ハルツ改革の労働市場の規制緩和によって顕著になったのは、低賃金や、雇用の不安定な非正規労働（ドイツでは非典型雇用という言い方がされる）の拡大である。

連邦雇用機構の労働統計から経済社会研究所（ＷＳＩ）がまとめた雇用統計によると、雇用者全体は二〇〇三年の約三一六〇万人から、一六年は約三六五〇万人へと、約四九〇万人増えた。

一方、この間に非正規雇用は約九五〇万人から一四五〇万人へ、五〇〇万人増加。つまり雇用者の増加分は、ほぼすべて非正規だったということだ。雇用者全体に占める非正規の比率も三〇・一％から三九・六％に上昇した。

ドイツの非正規雇用は、大きく分けて、パート労働、派遣労働、ミニジョブ（僅少労働）

に分けられる。量的に大きな比重を占めるのはパート労働とミニジョブだが、パートは日本と異なり、正規雇用との賃金格差が約二割程度とそれほど大きくない。このため、一般的には低賃金や不安定雇用と位置付けられてはいない。

非正規問題の中心というべきは、小売りや外食などサービス業で大きな比重を占めるようになったミニジョブという雇用形態である。

日本の主婦パートは税や社会保険料負担を免れるために就業時間調整に勤《いそ》しむ例が多いが、このミニジョブは労働者が税や社会保険負担を免れるうえ、使用者側も低い社会保険・税負担で雇える。それがインセンティブになり、〇三年の五六〇万人から、一六年は七七六万人と激増した。

問題は、賃金の下限が実質撤廃されたために、平均所得は月額二八〇ユーロ、日本円で約三万六〇〇〇円と低いことだ。そのうえ、社会保険の加入率は二割を切り、まさに貧困と背中合わせのような雇用である。さすがに社会問題化し、一三年には年金加入義務を課すなどハルツ改革の一部見直しに至った。企業内でミニジョブの利用中止を従業員側が求めたり、労働組合は貧困対策として一ユーロからの社会保険加入義務を要求したりした。

画期的な政策も副作用大きく

このように低賃金が無年金や低年金につながり、老後の生活保障を見通せないのは現在の日本とまさに同じ状況である。それなのに「ドイツに倣え」というのは明らかに間違っているか、実態を知らない無責任な言説であろう。

派遣労働についても急激な増加による揺り戻しが起き、一六年の法改正で再規制となった。しかし今度は、かつて日本で「偽装請負」と呼ばれた請負労働が製造業で問題になっている。企業がコスト削減を狙って社外にアウトソーシングするのだから、請負労働者には、当然、安い賃金しか払われない。

規制緩和→派遣労働拡大→規制強化→請負労働拡大……と、あくまでも労働コストを圧縮したい企業は規制の網をかいくぐり、当局とのいたちごっこが続く。非正規労働は、多様な働き方を望む労働者のニーズと人件費を圧縮したい企業側の要望が合致したものと説明される。しかしこの例をみれば、やはり、非正規労働とは企業のニーズによって生まれがちなものだといっていい。

だからこそ、規制緩和する場合には政策の目的や理念を明確にする必要がある。日本の派遣労働政策は目的も理念も曖昧なまま規制緩和を続けてきたため、雇用の調整弁のような働き方のままである。雇用・就業の不安定と賃金・労働条件の低さだけでなく、正社員への道がほとんど開かれておらず、能力開発・キャリア形成も排除されている。たとえば、失業者を通常の雇用に導くための第一ステップに位置付けるとか、職業訓練とセットでスキルを高め、生産性の高い人財供給源にすると規定すれば、正規雇用への前段階としての存在意義が高まるはずだ。

ドイツの一連の改革は「社会の底辺にいる階層を労働市場に戻そうという画期的な政策」と政権は自賛した。失業者や生活保護受給者は大幅に減少し、また女性や高齢者が働きやすくなった効果はあったが、低賃金労働の拡大に拍車をかけ、新たな貧困層を拡大再生産する皮肉な結果となった。当初から市民団体や労働組合などが「賃金格差の拡大を招く恐れがある」と強い懸念を示していたが、結局、その通りになってしまったのである。

当時のドイツは、東欧の民主化後に市場経済入りしたポーランドやルーマニアなどから安い労働力が押し寄せ、厳しいグローバル競争にさらされていた。旧東独の負の遺産や高い失業率も抱えていた。ハルツ改革は、雇用の創出と賃金抑制を同時に実現する道を選択したわけだが、雇用を取り巻く情勢が日本とは異なっており、副作用も大きかったことを考えれば、「ドイツに倣え」論には賛成できないのである。

3　見習うべきはミッテルシュタント

ドイツ経済のエンジンは中小企業

ドイツ経済の復活を支えたのは労働市場改革という制度変更であるが、実際には、就労者の多くを吸収した「中小企業」がキープレーヤーとして存在感を放った。

ドイツには世界有数の自動車メーカーをはじめとして有名な大企業が数多くある。だが、企業数でみて約九九％、雇用者数で約六〇％（二〇一四年）を占める中小企業（ミッテルシュタント）こそが「ドイツ経済のエンジン」と称えられ、経済にダイナミズムを与えている。

日本とドイツ。第二次世界大戦後の経済発展や、製造業による輸出主導モデル、そして市場経済のグローバル化の過程で直面する諸問題など共通点は多い。日本も中小企業の比率は企業数で九九・七％、雇用者数で六五・一％（二〇一四年）と似ている。

日本がまず参考にすべきは、失業率や移民労働力など雇用環境が大きく異なる労働市場の改革よりも、ドイツの中小企業群の強みの方だろう。

日本の中小企業がまず参考にすべきは輸出に対する姿勢である。中小企業庁によると、欧州はドイツに限らず、フランスやスペインの企業の海外展開の割合は二〇％前後で推移し、日本と大きな差がある。欧州統合で市場が激変する中、欧州企業は商品の質を高め、グローバルなマーケティングに積極的に取り組んだことで国際的な評価を高めた。

これに対し、日本の中小企業は、多くが大手企業の下請けやサプライチェーンに組み込まれている。結果的に「内向き志向」とか「国際展開が遅れている」との評価につながる。

同庁によると、二〇一四年に直接輸出を行った中小の製造業は六五五三社。増加傾向にあるものの、中小製造業全体に占める割合はわずか三・七％である。中小企業の輸出額は二〇一年度から一四年度までに三兆一〇〇〇億円増えたが、大企業が同期間に二五兆六〇〇〇億円増やしたのに比べると、その落差は大きい。「言葉の壁」や、貿易実務に精通した人材の不足で「やりたくてもできない」のが実情なのだという。

日独で対照的な経営戦略

しかし、日独の違いは、そういった実務面の問題ばかりではない。企業としての根本的な成り立ちや経営に対する理念が異なっている。

ドイツの中小企業の特徴は、家族経営のオーナー企業で、小規模ながらも独自技術を持って積極的に海外市場に打って出ていることだ。家族経営や非上場ということは、株価にとらわれずに長期的な経営判断ができるメリットがある。

自動車部品や電動工具で世界を席巻している「ボッシュ」は、非上場を貫いていて「世界最大の中小企業」ともいわれる。高圧洗浄機や家庭用掃除機などで世界に顧客を持つ「ケルヒャー」は、中小企業時代に世界に進出し、現地のニーズを徹底して汲《く》み取った製品開発などで成長した。今ではクリーニング技術を活かした家庭及び業務用洗浄というニッチ市場のグローバル企業として知られる。

株主の顔色を気にして短期的な利益向上を追い求める経営よりも、一〇年先を見越して相手国の市場に受け入れられるような戦略を打つことが、結局は成功の秘訣《ひけつ》となる。社員数五〇〇人以下の中小企業がどんどんアジアなど新興国に進出し、成功を収めているのは、そういう哲学からである。

大手の下請けに甘んじているのではなく、技術力を高め、製品分野や市場を絞り込む。コストの一元化により経営効率化を図り、分野を特化してグローバル展開すれば、大きな市場を相手に強い競争力を持つことができるということだ。

日本の中小企業の問題は、どうしても大手からダンピング要請を受けやすいことだ。自由度もなくなりがちで、イノベーションという点で積極的になれない原因でもある。また、ドイツ企業に比べると経営を多角化する傾向が強く、それでは経営資源もエネルギーも分散してしまう。さらに不採算事業や成長が見込めない事業からの撤退判断が遅く、そのため競争力ある事業や将来性ある事業を見つけられない、見つけても集中できないという悪循環を生んでいる。

日本企業は、中堅・中小にかぎらず大手にとっても示唆に富む、ミッテルシュタントの経営にこそ学ぶべきであろう。

4　フランスの苦闘

日本にとって反面教師の国?

日本の経済界ではドイツの労働市場改革がお手本のように語られる一方、隣国フランスの労働事情は、逆に「反面教師」として語られることが多い。ひとことで言えば「低成長と高失業率」という負の連鎖に陥った国、というわけである。

フランスの実質GDP成長率は、二〇〇八年秋の世界的金融危機までは、平均すると二%程度であったが、危機後は一%程度まで低下した。経済の低迷を受けて高失業率も定着し、一〇%を超すのが常態化している。とりわけ二五歳までの若者にかぎれば、その倍の二〇%以上で、五人に一人が職に就けない。

この低成長と高失業率は、フランス経済の競争力の弱さに起因している。たとえば、ダボス会議で有名な世界経済フォーラムがまとめた「グローバル競争レポート2017―2018」によれば、フランスの競争力は世界で二二位。二位の米国、五位のドイツ、八位の英国、九位の日本などほかの先進国から大きく離されている。

競争力の弱さは、労働市場の硬直性など労働政策が左右している、との見方がもっぱらだ。これは、経済の側面からみれば間違っていない。ただ、四年間というそれほど長くはない筆者の滞在経験からしても、労働政策だけが問題ではなく、フランス独自の国のかたち、国是や国民性など、もっと大きな要因があると感じている。これについては後述する。

労働市場の硬直性では、伝統的に解雇規制が厳しく、労働者の権利が強く保護されてきた伝統がフランスにはある。ＯＥＣＤの「労働者保護指標」（二〇一三年度。【図4】参照）でみると、フランスはいわゆる正規雇用である「一般労働者（無期雇用）」で世界のトップクラス、「有期労働者」では断然トップである。

また、パートタイム労働など非正規労働は他国に比べて限定的（既婚女性もほとんどがフルタイム労働）であることも、労働者の保護に重きが置かれ、労働市場の柔軟性を欠くことにつながっている。

図4　ユーロ圏主要国と日米英の労働者保護指標

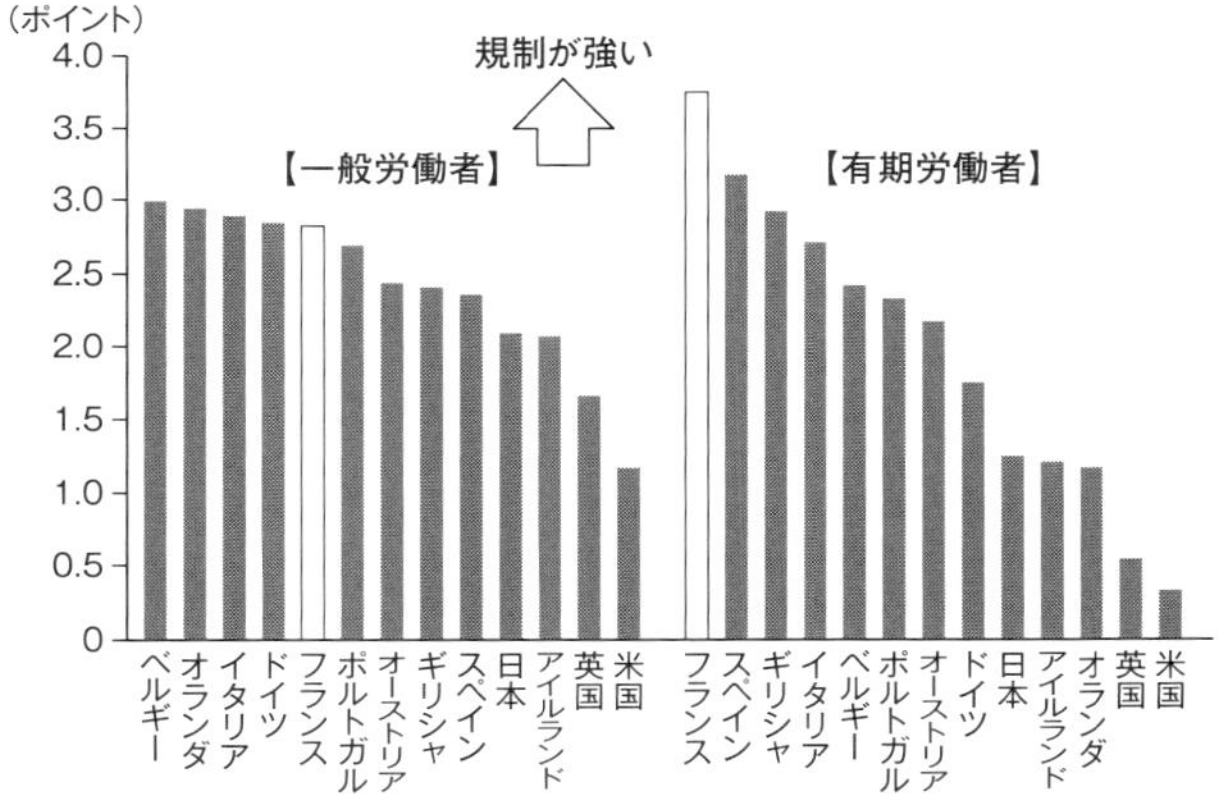

OECD資料より日本総合研究所作成　（注）2013年度のデータ

さらにいえば、法定労働時間は週三五時間と短いし、法定最低賃金は九・八八ユーロ（約一二八四円）とドイツの八・八四ユーロなど国際水準と比べて高く、企業（雇用主）にかかる社会保険料の負担も重いとあって、労務コスト面から、企業が競争力を高めることが困難となっている。

過度な労働者保護がフランスの単位労働コストの高止まりを招いていることは、前述のハルツ改革（二〇〇三〜〇六年）に取り組んだドイツや、二〇一〇〜一二年に労働市場改革を断行したスペインと比較すれば明らかである。

色濃く残る混合経済体制

労働者の権利を守ることに頑《かたく》なな、強い労働規制の伝統はどうして出来上がったのだろうか。

戦後のフランスでは、国家が企業を主導する混合経済体制（ディリジスム）を採り、成長よりも分配重視の左派的な経済運営が定着した。それによって労働者の権利意識は強くなり、手厚い保護策を求めるようになった。一九八〇年代には国有企業の民営化が進んだが、一方でフランス電力（ＥＤＦ）やルノーといった主要企業は政府が大株主に名を連ね、混合経済体制はいまだに色濃く残っているといっていい。

労働者への過度の保護が競争力を損ねている状況に対し、歴代政権が手をこまねいてきたわけではない。だが、野心的な目標を掲げて労働法を書き換えようとしても、有力な労働組合が大規模なデモやストを全国展開し、議会もしばしば反対に回って、政権は逆に追い込まれる。労働政策は、政権にとって常に鬼門だったといっても過言ではない。

その試みは枚挙にいとまがないが、ここでは国際競争が激化した一九九〇年代半ば以降の労働政策をめぐる動きを概観してみたい。

シラク大統領時代のジョスパン内閣（一九九七〜二〇〇二年）は、ワークシェアリングによる労働時間短縮を政策の中心とし、法定労働時間を週三九時間から三五時間に短縮した（通称・オブリ法）。また、雇用主の税・社会保険料負担を減免することでパートタイム労働を促進し、フルタイム労働の時短を図った。

一方の失業対策である。フランスの労働力は二五〜五〇歳未満の年齢層が中心で、二五歳未満の若年層の失業率が高い。

二五歳未満の若年層の就労が低いのは、解雇規制が強いことと、日本の職能給とは違う職務給制度の弊害といえる。解雇規制が強いため、いったん雇ったら解雇するのは容易ではない。雇用主からすれば、出来の悪い労働者を雇ってしまったら大変なことになるため、いきおい慎重にならざるを得ない。また職務給制度は、同じ仕事ならば誰を雇っても同じ賃金ということであり、それなら未熟な若者より経験を積んでいる年配者の方が計算できるとして、若者がはじかれるのである。

シラク大統領二期目の二〇〇六年、ドビルパン内閣は若者の失業対策として「初期雇用契約」という新制度の導入を試みた。二六歳未満の若年労働者を雇用する場合、二年間の試用期間を設け、その期間中ならば雇用主は理由を問わずに解雇できるとした。お試し期間中に被用者の質を見極め、場合によっては解雇もできるので雇用主の懸念したリスクは減る。これで若年労働者の雇用は進むだろうと考えたのである。

しかし、学生たちや労働組合は「かえって雇用は不安定化する」として反発した。大規模なデモやストライキ、暴動などがフランス全土で発生し、結局、ドビルパン首相は法案を撤回、後の政権崩壊の引き金となってしまった。

労働改革は歴代政権の鬼門

二〇〇七年に就任したサルコジ大統領も、競争力向上を目的に労働政策の刷新に取り組んだ。定着していた時短の流れに対し「もっと働き、もっと稼ごう」を合言葉にして労働時間の長時間化と給与の引き上げを狙った。超過勤務手当に関する税・社会保険料の免除といったインセンティブも盛り込んだ。

景気回復で失業率は一時、七%台まで下がったが、そこへ運悪く世界金融危機が起こり、大きなダメージを受ける。さらにギリシャの財政問題に端を発した欧州危機も続き、長期低迷期に入ってしまった。

二〇一二年に就任したオランド大統領は、財政出動の余地が限られる中で、労働分野を含む規制緩和に活路を見出さざるを得なかった。たとえば、当時のマクロン経済相がまとめた「経済の成長と活性のための法律（通称・マクロン法）」は、年間五回までと定められていた商店の日曜営業を年間一二回に緩和することや、長距離バス路線の開設自由化など多様な規制緩和策を打ち出した。

任期末期の一六年には改正労働法（通称・エルコムリ法）を成立させた。これは、週三五時間制は基本的に維持するが、企業ごとに労働組合との交渉によって週四六時間まで延長できること、解雇基準の明確化（解雇しやすくなるとも解釈できる）が柱だった。従来の産業ごとの労使間合意から、企業ごとに労使で決められるように方向転換したことが特徴である。

企業側の権利を強め、労働市場の流動化や雇用の創出を図ろうとした。しかし、労働者にとっては当然、雇用の不安定化や給与削減の不安が広がり、最大の労働組合、ＣＧＴ

（仏労働総同盟）が中心となって全国二〇〇の都市で激しいデモが展開された。

デモには、左派社会党の出身でありながら、右派の新自由主義のような政策に走るオランド大統領に裏切られたという思いが少なからず込められていた。大統領は一〇%台という致命的な低支持率になり、次期大統領選への出馬断念に追い込まれる。社会党の凋落《ちょうらく》傾向にも歯止めがかからなくなった。

マクロン改革の波紋

二〇一七年の大統領選で、「右でも左でもない」と無所属（中道の政治グループ「前進！」）で出馬、当選したマクロン大統領も、「解雇しやすくすることで雇用を増やす」というパラドックスのような失業対策を継続、強化した。

オルドナンス（議会の議決を経ないで実施を赦《ゆる》される）という迅速な手続きにより改正労働法を施行し、不当解雇と認定された場合に企業に科す罰金について上限（たとえば勤続が三〇年の場合、給与二〇カ月分など）を設けたほか、中小企業においても、従業員との話し合いにより労働条件を柔軟に変更できるようにした。

また、若者の失業対策として技能向上のため職業訓練に力を入れるとともに、若者にかぎって週三五時間制を廃止した。これは、短時間の勤務では若者を雇用して教育する時間をつくるのは容易でないとの判断による。さらに多国籍企業が人員整理に踏み切る場合、フランス国内の経営状況だけを理由に労働者側に提案できるようにした。従来はフランス国外、全世界の経営状況を説明する必要があった。要するに、労働者保護の強さを理由にフランス進出を逡巡《しゅんじゅん》してきた多国籍企業に対して「解雇しやすくしたから進出して」と秋波を送ったのである。

こうしたマクロン改革には、当然、国民の反発は強い。「企業寄りすぎる」「やはり銀行家だった」と、かつて投資銀行（ロスチャイルド銀行）で副社長にまで登りつめた経歴をあげて批判したが、マクロン大統領は「怠け者にくみすることはない」などとはねつけた。

マクロン大統領には、ドイツ一強といわれる現在の欧州において、フランスが経済の競争力を高め、仏独枢軸体制を確固たるものにしたいとの宿願がある。そのためには、支持率が低迷しても早期に改革を断行し、成果を挙げなければならないとの信念が感じられる。

ドイツの例をみれば、労働市場改革は実行から一、二年程度は失業率の上昇など国民に痛みが生じる可能性が大きい。マクロン大統領が失業率の目標を「二〇二二年までに七％台」としたのは妥当な水準だろうが、失業者への適切な支援などがなければ国民の不満はさらに高まり、極右や極左などポピュリズム勢力が再び台頭する恐れも否定できないだろう。

フランスの自殺率が高い理由

マクロン大統領の経済政策は、典型的な新自由主義といわれる。改革が進めば企業は競争力をつけ、失業率も狙い通りに下がるかもしれない。しかし、それはフランスの「ドイツ化」であり、フランスらしさの喪失を意味する。

フランス人の労働時間は短く、その分、自分の時間を大切にしてきた。マクロンがいう「怠け者」こそフランス人らしさである。ランチでたらふく飲んで食べ、午後は満腹で仕事の効率が著しく落ちる。金曜日はランチに出たまま、会社に戻ってこない。だが、そんな光景はなくなってしまうのだろうか。

フランス在住の鈴木宏昌・ルーアン大学客員教授（早稲田大学名誉教授）によれば、「週三五時間労働とはいえ、実際には平均三九時間は働いている。最近の若者は長時間労働でも構わない、ただし、働く時間や場所は自分で決めたいという考えが多い」という。すでにフランス人の労働意識は変わってきているのだ。

驚くような統計もある。一〇万人当たりの自殺率が、フランスはG7の中で日本に次いで高い（二〇一一～一四年のデータを基にした厚生労働省まとめによる）。最近はテロ警戒の非常事態宣言が長期間続いた結果、警察官や軍人の過労、ストレスの蓄積による自殺も目立つが、この統計は二〇一五年に起きた大規模テロより前の数値である。フランスは伝統的に自殺率が高いのだが、近年とみに目立つのは、ビジネスマンらのバーンアウト（燃え尽き）症候群だという。「ルモンド」紙によれば、その予備軍は三〇〇万人に上るともいわれている。

週三五時間制が始まって約一五年になるが、労働者の時短が進んだ一方、そのしわ寄せが管理職などに降りかかっている。業務量が格段に増え、さらにグローバル化で二四時間、世界市場とつながり、スピード化も求められる。サービス残業が常態化して、心身ともに疲弊してしまうのだという。

また、過労自殺に至る例が有名企業で相次いでいる。少し古いが、旧フランステレコム（現・オランジュ）で二〇〇八～〇九年に全国で従業員三五人が自殺して社会問題化した。国営から民営化したフランステレコムは人員整理が経営課題となっていて、日本の「追い出し部屋」のような仕打ちも行われていた。解雇規制が厳しいため、従業員を精神的に追い込む職場環境に置き、自ら退職させようとしたのである。

自動車大手ルノーでは、二〇一三～一七年の四年間に過労自殺が一〇件、自殺未遂が六件起きた。同社では二〇〇六～〇七年にも三人が相次いで自殺している。このときは新型車開発を焦る首脳陣が開発チームにプレッシャーをかけすぎたのが原因とされた。労働者の権利が強く守られてきた国が、激化する国際競争の波にもまれ始めて起きた悲劇だった。

勤務時間外の「つながらない権利」

過労やストレスが問題化する中で、いかにもフランスらしい改正労働法が二〇一七年一月に施行された。勤務時間外は従業員が電子メールや電話に応えなくてもいいという「つながらない権利」を定めたものだ。先述したオランド大統領時代のエルコムリ法で労働時間の長時間化が決まったのを受け、エルコムリ労働相が健康確保措置という意味合いで法案を起草した。

その背景には、バーンアウト症候群と診断された労働者が、自宅療養中だったにもかかわらず職場から通常業務中のような大量のメールや電話を受け、自殺してしまったケースがあった。夜間や休日に仕事のメール、電話に対応するのは確かにストレスになり、業務終了から次の業務までの、いわゆるインターバルを十分確保しようという流れにも反する。

かように、労働市場改革によって働く人の生活は多大な影響を受け、それに対応するためにまた労働法制の改正が迫られる。マクロン大統領は労働法の改正を「コペルニクス的な革命」と呼んで、その困難さを強調した。しかし、その国で長きにわたって積み重ねられてきた労働法制は、「革命」のように一挙に刷新できるものでもないし、またすべきでもないだろう。

時代の移り変わり、外部環境の変化に対応が必要になったとしても、そこには生身の働く人がいて、その生活がある。機械や部品ではないのである。心身の健康や暮らし、家族らへの影響を配慮した漸進的な改革が望ましい。そういったことを教え知らしめたフランスの苦闘は、わが国の働き方改革にも示唆に富んでいるといえよう。

問われている移民の同化政策

最後に、フランスの競争力の弱さは労働政策だけが問題ではなく、国のかたち、国是や国民性などに起因しているのではないか、という持論について記しておく。

フランスは終戦直後から一九七〇年代半ばまで、「栄光の三〇年」という高度成長の時期があり、好景気で人手不足となったため、アルジェリアなどイスラム教徒が多い北アフリカの旧植民地から大量の移民労働力を入れた。一方でフランスには、カトリック教会が政治を左右した歴史の反省から、厳格な政教分離の原則（ライシテ）が国是として存在する。

出稼ぎの移民が家族を呼び寄せるなど移民子弟が増えるにつれ、彼らイスラム教徒とライシテとの関係で軋轢《あつれき》が深まった。移民家庭は郊外の貧しい地区に多く居住し、社会から疎外されがちだ。イスラム系の名前というだけで採用を拒まれるなど就職面での差別も多い。それら格差や差別が若者の暴動や、ひいてはテロにまで発展し、社会の断絶を招く。

筆者はフランス駐在中に、東部アルザス地方の中心都市の一つ、ミュールーズ近郊でイスラム系移民の家庭を取材したことがある。二〇〇四年に制定された、公立学校でのスカーフ着用禁止の法律に反して中学校を退学した少女の取材だった。

「学校のような『公の場』では宗教的なシンボル（スカーフ）は身に着けてはいけないんだよ」という政教分離の原則――それまでも何百回と聞かされたであろう理由――を嚙《か》んで含めるように言い聞かせたが、一四、五歳の少女にはどうしても納得してもらえなかった。悲しげなまなざしをじっと向けていた少女はポツリと言った。

「恥ずかしいから」

彼女にとって髪の毛を人に見せることは、我々が裸を公衆にさらすのと同じことだった。ムスリムとしてそう教わって育ってきたのだ。国是と教義の対立という、お互い絶対に譲れないもののぶつかり合いは永遠に解決できないように感じられた。この国の宿痾《しゆくあ》を目の当たりにした思いだった。

都市の郊外にある、移民が多く住む（押し込められるという表現の方が正しい）「ゲットー」と呼ばれる居住地は大抵が荒れていて、学校も教育困難校が多い。「バンリュー」（郊外の意）という鼻音にかけた言葉は「移民問題」を意味し、蔑むような響きを持っていた。

人口の一割を占める移民の同化政策は、直接的、間接的に財政を圧迫し、企業にとっても諸外国に比べて格段に高い社会保障負担となって、ひずみを生じさせている。かつては貴重な労働力として受け入れた移民が、逆に社会面、経済面で重荷となっている矛盾である。低成長と高失業率の中で彼らをいかにプラスの労働力として活かすことができるかが、フランスの競争力向上への大きな課題だと思う。国是と教義の折り合いをつけ、移民子弟の学力向上や職業訓練の充実を図ることができるか、人権大国の真価が問われている。

第六章　これからの働き方のヒント

1　欧米で広がる新潮流

グーグル社が導入した「CHO」とは？

ひと口に働き方改革といっても、各企業の特性や職場によって実情は大きく異なる。長時間労働しなければならない業種・企業もあれば、そうでない職場もある。だから、政府が一律に法規制で決めるのは本来、無理がある。

政府が音頭を取った働き方改革には、社会全体に「働き方を変えることが重要だ」との認識を広めたという点で評価する声があるが、強く背中を押したのは電通の新入社員の過労自殺問題であり、また、社会に蔓延する格差や貧困の広がりである。

だから目指すべき方向は、働きすぎの防止など労働者保護の観点のはずだが、本書で述べてきたように、働き方改革の中には、逆に規制を緩め、労働者を危うくするものが混在している。政府・自民党や経団連が主導する「上からの働き方改革」は労働者不在となりがちだ。政府は環境整備や情報提供に徹し、働き方改革の実践は労使協議に委ねるべきなのである。

対照的に欧米では、今、生産性向上を図るための企業単位の新しい試みが広がっている。いわば現場目線の「働き方改革」だ。

代表的なのは、社員の幸せを第一に考えた環境づくりを目指し、専門的に考え実践する「CHO（チーフ・ハピネス・オフィサー）」という役職を設置するものだ。

社員の幸福度が高い職場ではモチベーションが上がり、生産性や会社への定着率が上がる。それらが積み重なれば業績が上がるのは当然だ。「コロンブスの卵」のように、言われてみれば「なんだ、そんなことか」と思われるかもしれないが、最初に気づくのはなかなか難しい。仮にわかったとしても、人件費削減、コスト削減が大きな経営課題となる中で、どれだけの経営者が本気で取り組む決断を下せるだろうか。

このＣＨＯを最初に採り入れたといわれるのは、米シリコンバレーの雄、グーグル社だった。自由気ままな社風で知られる同社には世界各地から優秀な若手らが集まり、検索エンジンをはじめとするＩＴ関連から、最近では自動運転技術まで最先端の研究開発が行われている。

社員は五万人に上り、チームを組んでの仕事が基本だ。「ニューヨーク・タイムズ」紙（二〇一六年二月二五日付日曜版別冊マガジン「What Google Learned From Its Quest to Build the Perfect Team（完璧なチームを築くためにグーグルはどんなやり方で何を学んだか）」）によると、数百あるといわれるチームは、生産性が高いところと、そうでないところとでバラツキが大きく、いかにして各チームを高いレベルでそろえるかが課題だった。

そこで、人材育成部門が徹底的に社員の行動を調べ、仕事ぶりからプライベートまで聞き取りや観察を重ねた。会話の多寡、社員同士で食事に行く場合の組み合わせや頻度、会議中の発言回数や態度……。ようやく行き着いたのは「生産性を高めるカギはチームワーク。一人ひとりが他者への思いやりや共感をもてば、幸せに働くことができ、成功につながる」ということだった。

たとえば、会議で特定の人が多く話すのではなく全員が均等に話すようにする。それぞれの発言を尊重すれば、馬鹿にされるのではないかといった不安心理を払拭し、チームワークが良くなるという。

米国の心理学者の研究では「幸福度の高い従業員は、そうでない従業員に比べ生産性は三〇%、営業成績は三七%、創造性に至っては三倍も高くなる」という結果が出た（"The Benefits of Frequent Positive Affect: Does Happiness Lead to Success?"「頻繁なポジティブな影響の利点：幸福は成功を導くか」二〇〇五年）。「幸せ」を感じながらの行動は、脳内の神経伝達物質ドーパミンが分泌され、やる気や学習能力が高まるからだという。

サンフランシスコのベイエリアにある企業などが相次いでCHOを設置し、心理学や社会学、行動科学といった科学的アプローチを用いて社員の幸福度を高め、企業文化の改善を目指している。職場で瞑想《めいそう》の時間を採り入れたり、一日の中で最も意義深い経験を日記に書いたりと、方法はさまざまだ。

日本企業はエンゲージメントが著しく低い

フランスのある保険会社では、毎週金曜日に、女性CHOが一〇〇人の社員にビズ（頬同士を合わせるフランス式の会釈）をして回る。一人ひとりと週一度コミュニケーションをとりながら、ストレス軽減や感情抑制のアドバイス、個人的な悩みの相談を受け付ける。これを続けるうちに、顧客へのサービスが改善し、顧客満足度の向上や欠勤率が下がるといった効果が確認された。

幸せをものさしとした働き方が、結果的に会社にとっても最善だという欧米の例は示唆に富んでいる。

それは、企業と従業員で考える現場目線の「働き方改革」こそが望ましい姿だということだ。ビジネス感覚の乏しい官僚が知恵を絞ったところで、現実社会とはズレが生じてしまう。毎月最終金曜日という繁忙を極める日に午後三時で仕事を切り上げろという「プレミアムフライデー」が定着しなかったことをみればわかるだろう。

日本の企業で生産性が上がらない要因として挙げられるものに「エンゲージメントの低さ」がある。エンゲージメントとは、会社に対する愛着心や思い入れ、さらには「個人と組織が一体となって双方の成長に貢献し合う関係」と解釈されている。タワーズワトソン社の二〇一四年グローバル労働力調査によると、日本でエンゲージメントレベルが「非常に低い社員」の比率は四五%と、世界平均の二四%、アメリカの二〇%を大きく上回った。少なくとも一三年まで八年連続で日本は二六カ国中最下位を続けた（ロッシェル・カップ著『日本企業の社員は、なぜこんなにもモチベーションが低いのか？』）。

慢性的に長時間労働を強いられるなど、社員が大切にされていない。働くことに幸せを感じられない。ＣＨＯを置く欧米企業との対比は明らかである。

2　人を大切にする経営

企業現場から得た黄金律

それでも、社員を大切にして幸せにする経営をすれば業績も上がるという「黄金律」は、日本でも知られるようになってきている。法政大学大学院の坂本光司教授（二〇一八年三月退官）の地道な現場研究によるものだ。

坂本教授は四〇年以上にわたり、全国の企業八〇〇〇社以上を見て回った。日本各地で多くの企業を調査すると、業績に目くじらを立てず働く人を大切にしている会社、すなわち「業績第一」ではなく「社員第一」主義の会社の方が好業績を続けているという事実が見えてきた。そうした会社は全体の一割ほどだが、全国に点在し、好不況の波にも揺るがない力強さがあるという。

それは、坂本教授が各企業に足を運び、経営者からじっくりと話を聞き、社内の休憩室や社員食堂、トイレなどをつぶさに観察してわかったことだ。すべて「現場」から教わったことだから説得力をもつ。

以下は、坂本教授の教えである。

「業績のためだといってリストラが当然視されてよいわけがない。リストラに怯える社員が人々を感動させるような製品を生み出せるでしょうか。そんな会社のために本気で役立とうと考えるでしょうか」

「逆に社員を大切にする会社では、社員は生き生きと働き、どうすれば顧客の支持を得る製品やサービスを提供できるかを前向きに考え、行動する。結果として業績が上がるのは当然です」

「当たり前のように『人材』という言い方をしますが、社員は材料ではありません。会社にとって財産ですから『人財』というべき。社員は会社の宝なのです」

経営者の意識改革を促す

企業の生産性向上やイノベーションに必要なのは、「効率よく働け」とか「働いた時間よりも成果で評価すべきだ」といった薄っぺらな「働かせ方改革」ではない。働く人を尊重し、幸せに働ける環境を第一に考える「働いてもらう改革」とでもいうべき経営者の意識改革である。坂本教授は「こうした会社が二割、三割となれば日本経済は必ずよくなるはず」と話す。そのために、「日本でいちばん大切にしたい会社大賞」という、働く人のための経営を続ける企業を顕彰する制度をつくった。他薦、自薦で応募するが、その応募基準が大変に厳しい。

過去五年以上にわたって①人員整理を目的とした解雇や退職勧奨をしていない②外注企

業・協力企業等、仕入れ先企業へのコストダウンを強制していない③障害者雇用率は法定雇用率以上④経常利益で黒字経営（一過性の赤字は除く）⑤重大な労働災害がない――一般的に「いい会社」といわれる企業でも達成できないほどの厳しい基準だ。

また、「人を大切にする経営学会」という学会組織を二〇一四年九月に立ち上げた。業績重視やシェア重視といった経営ではなく、人の幸せを重視する経営こそが結果的に安定的な好業績をもたらすという経営学を普及させるためだ。大学研究者や企業経営者、起業家、弁護士や公認会計士、産業医ら働く人に関係する幅広い職種が集まる異色の学会だ。人を大切にする経営がなぜ大事なのかを理論化・体系化し、経営学を深化させるという。

3　幸せの経営の実例

人件費を増やすのが経営者の使命だ――ウエマツ（福井市）

社員の幸福度を高めることに力を入れているグーグル社は、福利厚生でも目を見張るものがある。社内で毎日二食（朝食と昼食あるいは昼食と夕食）が無料で提供されるほか、同じく無料の美容室やジムなどを完備している。さらに在職中の社員が死亡した場合、年間給与の半額を一〇年間にわたり遺族に支払うという、信じられないほど手厚い制度まである。

ところが福井市の染色加工メーカー、ウエマツには、社員の心を打つという点ではグーグル社を上回るような制度がある。

ウエマツは、別の会社に勤める夫が病気で働けなくなった社員に対し、夫の稼ぎ分と同じ額を一年以上にわたり支給し続けた。ほかにも、子供が生まれて生活費に困った社員には月二万円の手当を出した。人件費をいかに抑えるかに汲々《きゅうきゅう》とする風潮が蔓延する中で、同社の上松信行社長は「人件費を増やすのが経営者の使命だ」と当然のように言ってのける。

大事にされていると感じる社員たちは、新素材や独自の染色方法を次々と開発し、業界からの表彰を重ねるなど業績向上に貢献してきた。

「繊維王国・福井」にあって社員三〇人と規模は大きくない。しかし、地元福井県の在来草花の採取から手がけ、抽出した天然色素を独自の方法で繊維素材に染め込んで商品化するなど、同社にしかできないオンリーワン経営で輝く。

掲げる基本理念は「社員の豊かな生活に貢献すること」。社の発展を支える優秀な人材の源は、社員を第一に考える社長の人間力と、それが投影された経営理念にある。

顧客ニーズにとことん応えて下請け脱出——徳武産業（香川県さぬき市）

「転ばない靴」と呼ばれる高齢者専用靴がある（商品名「あゆみ」）。片足わずか一六〇グラム。つま先を適度に反らせ、足が十分に上がらなくても、つまずかない工夫がされている。

製造しているのは香川県さぬき市の徳武産業。元は大手通販から室内履きを受注生産する下請け中心の中小企業だった。取引先に振り回され、苦しい時期を送っていた約二五年前、ある老人ホームから「入居しているお年寄りがよく転ぶ」と相談を受けた。それが転機となった。

当時社長だった十河《そごう》孝男会長は、二年をかけて五〇〇人のお年寄りからじっくりと話を聞いた。すると「片方の靴だけすり減る」とか「片手が不自由でも一人で履けるような工夫がほしい」といった要望が次々と出てきた。そうした声を活かして生まれたのが、業界初といわれる高齢者専用靴だ。採算度外視で、片足ごとの販売にも踏み切った。

丁寧にお年寄りの希望に耳を傾け、それこそかゆいところに手が届くような配慮。安全に細心の注意を払った「転ばない靴」は徐々に評判を呼んだ。業績は右肩上がりになり、それまでの苦しい下請けから脱することができた。

この会社がすごいのは、一人ひとりの要望に沿って受注生産し、全国に発送するところだが、さらに社員が真心を込めた葉書を同封する。「慣れるまで足元に気をつけて……」「慌てずゆっくりと一歩一歩進んでください」。それに対し、顧客からも礼状が届く。

「年をとってもピンクの靴を履いてみたかったの。夢がかないました」

「母の棺《ひつぎ》に大好きだった靴を入れました」

長い手紙もあった。こんな内容だった。

老父は脳梗塞を患い、右半身が不自由。リハビリのための散歩を日課としていた。でも、転んでばかり。血だらけで冷たい路上に倒れていたり、田んぼの中で発見されたり。「満足に歩けんのに、家でじっとしとれ」と息子は叱りつけた。それでも父親は「いやや、自分の足で歩く」と言ってひかなかった。そしてある日、「転ばない靴」と出会った。「父親は亡くなる前日まで歩き続けることができました。最期まで寝たきりにならず、見栄っぱりの父のままで……」

徳武産業が「幸せの経営」を実現できたのは、何年かかってでも下請けから脱しようと努力したからだ。下請けに甘んじていると、不況になれば取引先からダンピング要請が来るなど振り回されてしまう。下請けから脱するために徹底的な商品開発に取り組み、工夫を重ねる。顧客に支持される会社は滅びないのだ。

世界規模の社会貢献――富士メガネ（札幌市）

アゼルバイジャン、アルメニア、タイ、ネパールなどの海外難民に無償で大量の眼鏡を届けている眼鏡店がある。

北海道を中心に約七〇の店舗を展開する富士メガネ。海外難民に対する視力支援活動は一九八三年から続けている。戦前に樺太《からふと》（現・サハリン）で創業した同社は、大戦や引き揚げ後に店舗を構えた札幌で大火に襲われるなど苦境を経験した。さまざまな人から受けた恩義に応えるために始めたのが、この支援活動だった。

「視援隊」を自任する社員たちが、ボランティアでトランク一杯に眼鏡を詰めて現地に赴く。視力や斜視などの検査を行い、眼鏡を贈る。何時間もかけて歩いてやってくる人もいる。生まれつき目が見えないと思い込んでいた息子が、実は強度の近視とわかり、贈られた眼鏡で視力を得たケースもあった。視力の補正は人生を大きく変える力があるという。

草の根から始まった活動は、やがて真の国際貢献と認められる。二〇〇六年、UNHCR（国連難民高等弁務官事務所）から難民支援のノーベル賞といわれる「ナンセン難民賞」が金井昭雄・現会長兼社長に授与された。日本人で初めてだった。

自分も残留孤児になっていたかもしれない経験から、中国残留日本人孤児への眼鏡寄贈のほか、過激派組織「イスラム国（ＩＳ）」の支配から逃れたイラクの子供たちへも眼鏡を贈った。国内の避難民への支援、道内の盲学校への拡大読書機なども贈り続けている。

北海道での事業にこだわり続けていたが、眼鏡店本来の親切で真摯な対応が評判を呼び、出店要請が相次いで東京や東北にも店舗を展開している。

企業が利益を挙げ続けることは重要であるが、もっと重要なことは、その利益をどう活かすかだろう。人道支援とまでいかなくとも、社会貢献を続ける企業は社員たちが心豊かに誇りを感じて働き、顧客もまた応援したくなる。

利他の精神こそ、企業の経営に欠かせないのである。

究極の終身雇用——クラロン（福島市）

福島市に本社がある体育着製造の「クラロン」。東北や北関東の約一一〇〇校に体育着を納入するのが主な仕事だ。体育館のような広大な作業場にはエンジやブルーなど体育ジャージー用の生地が山積みとなり、裁断機やミシンの音が響き渡る。

どこにでもありそうな工場だが、働いている人たちに驚かされる。ここには定年がない。何歳まででも勤めることができる、文字通りの終身雇用だ。田中須美子会長は九〇歳を超えている。結婚し、いわゆる寿退社をした女性が子育てを終えて五三歳で再雇用されたり、五四歳で入社して亡くなる七八歳まで勤めた例もある。現在、最年長の社員は八〇歳の女性営業課長である。

特筆すべきは障害者の雇用も多いことだ。一九五六年の創業以来、障害者を正社員として雇用し、増やしてきた。従業員一三四人のうち、身体、知的障害者が三六人を占める。田中会長の亡夫は大戦で耳が一時的に不自由になり、障害者の働く場が必要との思いに至った。障害者雇用率は重度の障害者を倍換算とするため、同社は実に三五％を超える。女性、高齢者、障害者が生き生きと働く「真の総活躍」をとうの昔から実践してきたのだ。

どうやって総活躍を実現しているかといえば、工程を細分化し、それぞれの作業に特化させる。そうすれば効率的な生産となる。余力がある社員はより仕事を広げていく。

知的障害のあるT君は、一本の重さが二〇キロ以上もあるロール状の生地の保管、整理という力仕事、また五〇〇通りもある型紙の管理まで任されている。仕事を覚えるまでに時間はかかった。しかし、一度覚えると決して忘れないし、手抜きをしない。T君なしに会社は回らなくなった。

田中会長は「夫を亡くして沈み込んでいた私を立ち直らせてくれたのはK君だった。受け入れた当時は奇声を上げたり手のかかる少年だったのに、いつの間にか立派になって。彼のやさしさに涙し、自立を目指して頑張る姿に励まされた。そんな彼らが退職したらどうなるのか。親を支えている子もいる。だから雇い続ける責任がある」と話す。

東日本大震災は、新年度直前の最も忙しい時期を襲った。通勤バスは運行休止となり、水道も使えなくなった。仕事は山積みだが休業は仕方ないと、田中さんは覚悟を決めた。しかし、翌朝の始業時。誰ひとり休まず、全員の元気な顔があった。

「自家用車で相乗りし、助け合って出勤してきた。本当に胸が熱くなった」

従業員の二％強という障害者法定雇用率を守らない企業が少なくない現実にあって、クラロンのような会社は稀有《けう》の存在だ。震災のせいで、子供のいる家庭ほど福島を離れて行ったため、体育着の需要は大きく減り、経営は楽ではない。それでも亡夫の遺志を貫き、雇用を守るのが役割だと感じる田中さんに迷いはない。

エピローグ　幸せを基準とする働き方へ

誰のための働き方改革か

いま一度、働き方改革の本質を振り返ってみる。

安倍政権は一貫して、働き方改革を成長戦略として位置付けてきた。それは運命共同体といえる財界の意向に沿ったものだ。第一次政権が志半ばに短命で終わった苦い経験から、政権復帰後は長期政権の足固めを図るために財界を「戦略パートナー」に据え、共存共栄を強固に目指したといえる。

プロビジネス（親ビジネス）の政権を歓迎する財界側は、資金、そして業界や団体の組織票で国政選挙を支援し、政権の継続を支えた。そうして、働き方改革とは名ばかりの

「経営者優遇策満載のパッケージ」を手に入れようとした。すなわち、労働法制の規制緩和を通じた高度プロフェッショナル制度創設など労働コストの抑制策や、一段と低廉な労働力の調達を可能とするギグエコノミーの推進などである。

国民には、働き方改革によって何がどう変わるのかは判然としない。政府は「柔軟な働き方を可能とする」と、いかにもメリットがあるような言い方しかしない。だが、その中心に位置するのは高プロと裁量労働制の対象拡大だった。

こうした労働時間規制を外す働き方は、労働者も労働組合も全く求めてこなかった。望んできたのは財界である。つまり、労働者にとっての「柔軟な働き方」ではなく、経営者にとっての「柔軟な働かせ方」でしかないということだ。

新たに設けられる高プロは、短時間で成果を挙げれば早く帰宅できるので、「家族だんらん」制度などと政府は無責任な甘言を弄してきた。しかし、成果を出すためには、しゃにむに働かなくてはならず、かえって長時間労働を助長する恐れがある。それは成果主義が導入された、この約二〇年の経験ではっきりしたことだ。

「勤務間インターバル」は努力規定にとどまる

働き方改革は「長時間労働の是正」を旗印に掲げたが、高プロはそれとは明らかに矛盾する。しかし、政府や財界は、その旗印があるからこそ、高プロや裁量労働制の拡大を必要とした。

長時間労働是正のために時間外労働の罰則付き上限規制が導入される。残業時間は表向き減るだろう。だが、労働時間規制のない高プロは、残業という概念自体がなくなるため、「見えない残業」をいくらでも強いることができる。だから、上限規制の導入と高プロ創設という相矛盾するものを一括法案として同時に成立させようと必死だったのである。

高プロは、年収一〇七五万円以上の専門職が対象だが、いったん制度ができてしまえば、いずれ対象が拡大していく可能性がある。裁量労働制の対象拡大も、今回は見送られたが、いずれ実現を目指すだろう。年収や職種の制限がずっと緩い「定額働かせ放題」が大量に誕生する恐れがある。

せめて健康確保のためには、欧州諸国のような、終業時刻から翌日の始業時刻まで一一時間の休息時間を確保する「勤務間インターバル」が必要と思われるが、それすら、今回の働き方改革では努力規定にとどまった。

安倍首相が「(労働基準法の)七〇年の歴史で初めて実現した」と胸を張る時間外労働の罰則付き上限規制とて、推して知るべしだ。

当初は、ワークライフバランスのためとして議論していた。女性や高齢者の労働参加を促す上で長時間労働の是正が避けられないためだ。ところが議論を始めたときに、電通新入社員の過労自殺が労災認定されたことが明るみに出て、論点が急変した。過労死防止が絶対命題となり、時間外労働の上限は繁忙期で「単月で一〇〇時間未満、複数月平均で八〇時間以内、年間で七二〇時間まで」となった。だが、これは「過労死ライン」と同等の基準だ。ワークライフバランスは、過労死認定基準をはるかに下回る厳しい上限規制でなければ効果は望めない。結局、過労死はなくならないうえ、ワークライフバランスも実現が困難という、絶望的なものなのである。

当然といえば、当然だ。働く人のための改革ではなく、働かせる側のための改革なのだから。

「長時間労働の是正」というフレーズが過労を生むパラドックス

さらにいえば、働き方改革が何であるかが十分に理解されていないのに、たとえば「長時間労働の是正」というフレーズだけが独り歩きする危うさが生まれている。実際に、部下の長時間労働を抑制するために管理職（店長クラス）が部下の仕事を肩代わりし、過労自死に至るという悲劇（労災認定）が起きた。

長時間労働の是正、すなわち時短だけを無理やり進めても、持ち帰りのサービス残業を誘発するなど混乱を招くだけだ。中間管理職などにしわ寄せがいくこともあるだろう。

長時間労働の抑制が、かえって過労を生むパラドックス。本末転倒である。なぜ長時間労働が生まれるのか、その原因を明確にし、向き合わなければ解決策は生まれない。長時間労働になるのは、一人当たりの仕事の絶対量が多すぎるからだ。

だが、経営者目線の働き方改革では「生産性の低さ」という言葉に置き換えられ、「非効率な働き方をしている」と労働者にレッテルを貼った。第三章でアンケートに基づくエビデンスを詳述したように、これは明らかな事実誤認、むしろ意図的に事実を歪めるポスト真実の類である。

生産性は労働者の働き方だけで決まるものではなく、適正な人員や設備、取引慣行などに左右される。だから生産性が低いというならば、業務全体の見直しが不可欠だ。つまり、それは経営者の責任に負うところが大きいということだ。

今回の働き方改革は、そうした経営者の責任は覆い隠し、働く人の責任にすり替えた。「生産性を高めるには日本的雇用システムを変えるしかない」という結論ありきの議論をするためである。

守るべきものは守る

では、真の働き方改革とはどうあるべきなのか。これまでの日本的雇用システムは変えるべきか、それとも変えるべきではないのか。変えるとすれば、何をどう変えるべきなのだろうか。

あらゆる制度にはメリットとデメリットがあるように、日本的雇用システムにも長所、短所がある。欧米の雇用システムも同様だ。

たとえば、日本独自の職能給や終身雇用はどうか。

ドイツやフランスは若年層の失業率が日本に比べて格段に高い。解雇の際に先に採用された者が有利な取り扱いを受ける先任権があることに加えて、職務給という制度が背景にある。職務給だと、賃金は年齢に関係なく仕事ごとに決まっている。このため雇う側からすると、能力が未知数の若者よりも熟練した働き手の方を優先して採用する方が理にかなっている。だから若年層の失業率が高くなるのだ。

対照的に日本的雇用は、新卒一括採用に始まり、定年まで長期雇用を保障して年功的に賃金が上がる。それには、能力の蓄積に応じて賃金が高くなる職能給が前提となる。

欧州の若者の高い失業率を考えれば、ほぼすべての若者が学業終了と同時に切れ目なく就業できることは社会の安定のうえでもメリットが大きい。雇用面でも、未習熟の若者を社内の教育訓練を通じて協調性や均質性の高い人材に育て上げる日本的雇用は優れた制度といえるはずだ。

終身雇用は、働く人やその家族に安心、安定した生活を保障するかけがえのないものだ。

二〇一六年度版の「労働経済白書」は、労働者の働き方に関する意識調査（労働政策研究・研修機構調べから厚生労働省が独自集計）を紹介している。

それによれば、「出来るだけ一つの企業で、長く勤め上げることが望ましい」と考える労働者の割合は六〇・七％に達した。「企業にとらわれず、もっと流動的に働けることが望ましい」は一六・六％で、長期の安定雇用を望む労働者の意識は根強いことがわかる。

前述した、「終身雇用は日本の大きな財産」（ロンドン・ビジネススクール教授のリンダ・グラットン氏）との発言は示唆に富んでいるといえるだろう。

マイナスも大きい雇用流動化

一方、終身雇用に対峙《たいじ》するのが、働き方改革でも焦点となっている雇用の流動化である。これにも当然、光と影がある。

すでに仕事能力がある人にとっては、転職が容易で中途採用もしやすい流動性の高い雇用環境は望ましいといえる。力を存分に発揮できる職場に自由に移れるので有利ともいえる。

社会全体としても、能力ある人材がいかんなく力を発揮する方が、人的資源の有効活用という意味では理想的といえるだろう。せっかく高い能力があるのに、衰退した企業や産業にとどまっていたのでは、その人の持つ生産性が発揮できない。

だが、雇用流動化にはマイナス面も大きい。

企業にとっては、人材の争奪戦が過熱する。優秀な人材を獲得するにも、また社内から必要な人材が流出するのを防ぐためにも、コストがかさむことになる。

その究極的な姿が、リーマン・ショック後に全世界から非難を浴びた、ウォール街の金融マンの桁外れな高給ぶりだろう。金融業界は、有能といわれる人材の引き抜き、あるいは引き留めのために法外な年俸を払わなければならない状態となっていたのである。

それは極端な例だとしても、近年はアメリカで、こうした観点から行き過ぎた雇用流動化に反省の声も出ているという（清家篤著『雇用再生――持続可能な働き方を考える』）。

つまり雇用の流動化とは、有能な人材が他社に移ってしまうリスクに向き合わねばならないということである。だとすれば企業は、終身雇用を前提としたような教育訓練や能力開発に力を入れなくなるだろう。明日いなくなるかもしれない従業員の能力開発に投資しても、それを回収できなくなる恐れがあるからだ。

こういう状況は、仕事の能力が身に付いていない若者にとって大きなマイナスである。十分な教育訓練を受ける機会が減ってしまい、スキルが向上しない。習熟度が高まらなければ、企業からいつリストラされるかわからないし、転職も難しくなる。負の連鎖である。長い目でみると、こうした能力開発の減少や労働者の不安定化は、社会全体の生産性の停滞につながりかねないだろう。為政者には、国の将来を見越した視点が欠かせないはずだが、どれだけの政治家が気づき、思いを巡らし、真剣に向き合っているだろうか。

政府がなすべきことは何か

年功型の賃金制度については、どうだろうか。

勤続年数に応じて賃金が上昇する年功賃金は、従業員の人材育成、会社への忠誠心や帰属意識を醸成し、定着率を高めるのに最適な制度といえる。能力開発にかけた膨大なコストを回収するには元がとれるまで働いてもらわねばならず、したがって、長く勤めるほど賃金が高くなるように設計している。

見方を変えれば、後払い分となる退職金を含めると、従業員が受け取る報酬の総量と従業員が企業に貢献した総量が均衡を保つ仕組みといっていい。

だから、もし定年を延長するとなれば、この均衡を保つために年功賃金のカーブを変更しなければならなくなるし、実際に中年期から曲線をフラット化して定年を延ばす企業は出ている。

このように、合理性をもって制度を見直すことが重要だ。従業員は、基本的には経験を積むごとに能力が高まるのだから、勤続年数や年齢に応じて賃金が上昇するのは合理的だといえる。一方で、たとえば、仕事の能力を身に付けた四〇代以降は、各人の能力や会社に対する貢献度によって賃金を決めるようにするのも、また合理性がある。つまり、中年期以降に、ある程度の成果給の要素を加味することは否定しないということだ。

最も大事なのは、これまでの制度の中で変えるべき部分と、維持すべき部分を慎重に見極めることだ。雇用制度は一朝一夕に出来上がったものではなく、その国々の経済社会が最も機能するように工夫を重ね、定着してきたものである。

制度を大転換すれば、それで結果が劇的に改善するということはあり得ないし、するべきでない。そんな魔法の杖などはなく、必ずどこかに歪みや混乱が生じる。痛みが出るとわかっていれば予防的措置を講じることはできようが、制度とは、いったん壊してしまったら修復することはなかなか困難なものである。

政府がなすべきことは、「働き方改革」を名目として雇用制度を無理やりにつくり変えることではない。なすべきは、衰退産業から成長産業への誘導策であり、労働者が痛みを伴わない形で移動できるセーフティーネットづくりである。失業中も所得を保障しながら教育訓練を受けられる公的な仕組みは、まだまだ不十分である。

基本的な労働者保護の仕組みも整備せずに、雇用を流動化させる方策ばかり急ぐのは、きわめて危険なのである。

幸せ基準の働き方を

雇用制度とは、政府が「これが良い」といって決めるようなものではない。経済合理性に基づいて企業と労働者の間で合意してつくり上げるのであり、政府の役割は、必要に応じてルールを定めることだ。

働き方改革において、政府が「雇用を流動化させる」「日本的雇用システムを見直す」

などと宣言するのは明らかに行き過ぎである。重要な労働条件は労使の自主的な交渉で決めるという大原則を侵しており、労使自治への不当な介入といってもいい。

これまで過重労働の課題などを解決できなかった労使にも問題はあるとはいえ、今後のためにも大原則を確認しておいてほしい。「官製春闘」がすっかり定着してしまったように思えるが、政府主導で何でも決めるという姿勢は改めるべきである。「三％の賃上げを」と首相が具体的な数値まで挙げるのは、市場経済の域を逸脱する行為ではないか。

そもそも雇用流動化、すなわち解雇規制の緩和などをわざわざ進めなくとも、衰退企業から逃げ出して転職している人は少なくない。採用面でも、新卒に加えて転職者を通年で採る企業は増えている。

あえて雇用を流動化させるのは弊害やマイナス面が大きいことは、これまで述べてきた通りである。安定的に終身雇用を守れる企業は、しっかりと維持することが望ましい。個人のみならず企業にとっても、また社会全体にとっても安心安定をもたらすからだ。

もっといえば、アベノミクスの成長戦略が機能し、景気が本格的に回復しているのであれば、成長産業が採用を増やすので労働移動も増えるはずである。流動性が低いのは、解雇規制が厳しいからではなく、アベノミクスがいつまでも道半ばであり成長産業が育っていないためではないだろうか。

何より大切なのは「雇用の安定」

繰り返しになるが、真の働き方改革とは働く人のための改革であり、働く人が幸せや豊かさを感じながら働ける環境づくりでなければおかしい。従業員だけでなく、その家族、取引先や下請けまで含めた人たちを大切にするものでなければ意味はないだろう。

言うは易《やす》しと思われるかもしれない。しかし、このままの経営を続けても展望は開けまい。賃金の安い国々との消耗戦に明け暮れ、乾いたタオルをさらに絞るようにコストを切り詰め、わずかな利益を出すために疲弊する。働く人の賃金は下がり続け、生活水準は落ち、それで企業だけが生き延びたとして、何のための経営だというのか。

アベノミクスが進めている成長路線は、異次元緩和により円安を維持することで企業業績を好転させているにすぎない。賃金が上がり、消費が増え、設備投資や生産が増えていくという経済の好循環は一向に起きていない。企業は最高益を記録しているのに、実質賃金は下がり続け、国民一人ひとりの生活はむしろ貧しくなっている。

アベノミクスの最大の問題は、目先の成果ばかりにとらわれていることである。企業も個人も目先だけをみているわけではない。長期を見据え、将来不安が払拭できなければ投資も消費も及び腰になるのは当然だ。

求められているのは、もっと確かで、安心できる将来像を描くことであり、どんな経済社会を目指すかである。まずは低価格競争やコストカット主流の経営から脱する。染み付いたデフレ時代の発想を変えなければならない。

国際的にみれば高い水準の賃金を維持しつつ、世界の国々と競争ができるビジネスモデルに転換する。高い賃金の労働者を雇っても利益が出るような、付加価値の高い製品やサービスを提供するしかないということだ。薄利多売や大量生産モデルではもはや諸外国に太刀打ちはできない。量ではなく一点一点丁寧に仕上げる受注生産のようなモデルを目指す。ナンバーワンを極めるか、あるいはオンリーワンに特化するかである。

東京都墨田区の町工場、岡野工業が開発した「痛くない注射針」など、これまでどこも手がけたことのない精密品もある。あるいは、地下鉄やプラントなど製品の提供から運営までをセットで受注する社会インフラや工作機械も有望だろう。

静岡県で開発された高糖度、高品質のアメーラトマト（静岡弁で「甘いだろ」を意味する「あめぇらー」から命名）は、一度食べたらやみつきになるような美味《おい》しさと品質を誇る。ネット通販でも一キロ五〇〇〇円前後の高価格だが、買い手は引きも切らない。

そんな独創性や協調性、きめ細やかさなど、人材の総合力で高い付加価値をつくり出せるのが日本の企業の持ち味である。それは、人材育成や能力開発に力を入れる日本的雇用システムのたまものである。

こういった付加価値を生み出す仕事は、人工知能（ＡＩ）時代になっても、簡単に置き換わるようなものではない。そういった意味でも、日本的雇用の根幹は変えるべきではないだろう。

「はじめに」で書いたように、人間の究極の幸せは「愛されること、褒められること、必要とされること、そして人の役に立つこと」である。そして「愛される」以外は、働くことによって得ることができる（場合によっては「愛されること」も得る）。だから何より大切なのは、働く人が安心して働き続けることができる「雇用の安定」なのである。

おわりに

「cool head but warm heart（冷静な頭脳と、一方で温かい心を忘れずに）」

著名な経済学者、J・M・ケインズの師であり、近代経済学の祖と称されるアルフレッド・マーシャル（一八四二～一九二四年）のこの名言は、経済学に接したことのある人なら一度は目にするものではないだろうか。

マーシャルはロンドンで極貧層が住む地区を歩き、悲惨な暮らしの人たちを目の当たりにして、彼らのためにこそ経済学は役立てねばならない——そう決意したといわれる。経済学にかぎらず、さまざまな社会科学においても求められる普遍的な命題である。

働き方改革の議論を取材していて、常に頭から離れない疑問があった。過労死が後を絶たない異常な社会なのに、働く人、弱い立場の人の健康や暮らしが、この改革で良くなるのだろうか。「一体、何のため、誰のための改革なのか」。働く人たちへの思い、「敬意」

や「尊厳」といったものがあまりにも軽んじられているように思えた。「温かい心」など忘れられているのか、そもそも必要としていないのか。そんな疑問だった。

「冷静な頭脳」の方も、首を傾《かし》げることの連続だった。裁量労働制のデータ疑惑はもちろんのこと、高度プロフェッショナル制度については、立法根拠となるべき「労働者のニーズ」など微塵もなかった。

政策は正確なデータと理論に基づかなければならないのに、次から次へと信頼を損ねることが起きた。政府側の、のらりくらりと論点をずらしながら追及をかわす国会答弁は、「ご飯論法」の名で批判される有様だった。

ちなみにご飯論法とは、「朝ごはんは食べましたか」との問いに対し、「ご飯は食べませんでした（パンは食べたが、それは黙っておく）」と不誠実に言い逃れすることを指す。

こうした働き方改革論議の実態を暴くにはエビデンスを示し続けるしかないと考え、本書では post-truth と evidence の提示にこだわった。改革が本当に働く人たちのためになるのか、労働者の権利が不当に扱われていないかを多くの人に気づいてもらうためである。

本来なら、もう少し早く提示できればと反省の気持ちもある。しかし、働き方改革関連法は成立したとはいえ、重要なのはこれからだ。高プロの要綱づくり、その後には先送りされた裁量労働制の対象拡大の議論が控えている。嘘やごまかし、フェイクニュースが拡散される世の中にはエビデンスと論理で対抗するしかない。目を開き、時には声を上げていかなければならないのだとあらためて思う。

最後になったが、取材に協力していただいた多くの研究者、エコノミスト、官僚、経営者、団体の方々に深甚の謝意を表したい。

集英社新書編集部の千葉直樹氏にはひとかたならぬお世話になり、感謝の念に堪えない。また、いつも親身に相談に応じてくれる同僚であり友人の池尾伸一君（東京新聞経済部）にも御礼申し上げる。

本書の完成を見ずして相次いで天国に召された母と父に、この小さな書を感謝とともに捧げたい。

二〇一八年九月

久原　穏

主な参考文献

過労死等防止対策白書（平成28年版）
経済財政諮問会議議事録
国会議事録
産業競争力会議議事録
情報通信白書（平成28年版）
中小企業白書（２０１６年版）
日本経済団体連合会『２０１８年版 経営労働政策特別委員会報告』
日本生産性本部『労働生産性の国際比較２０１７年版』
日本総研「ＪＲＩレビュー」
働き方改革実現会議議事録
みずほ総合研究所　リサーチＴＯＤＡＹ
リクルートマネージメントソリューンズ「『働き方改革』の推進に関する実態調査２０１７」
労働経済白書（平成29年版）
ＯＥＣＤレポート『Growing Unequal?　Income Distribution and Poverty in OECD Countries』（２００８年）

経済産業研究所（ＲＩＥＴＩ）（https://www.rieti.go.jp/jp/index.html）ＨＰ
経済産業省（http://www.meti.go.jp/）ＨＰ
経済同友会（https://www.doyukai.or.jp/）ＨＰ
厚生労働省（https://www.mhlw.go.jp/）ＨＰ
首相官邸（https://www.kantei.go.jp/）ＨＰ
情報産業労働組合連合会（ＩＣＴＪ）（https://www.joho.or.jp/）ＨＰ
内閣府（http://www.cao.go.jp/index.html）ＨＰ
日本銀行（http://www.boj.or.jp/）ＨＰ
連合総研（http://www.rengo-soken.or.jp/）ＨＰ
労働政策研究・研修機構（ＪＩＬＰＴ）（http://www.jil.go.jp/）ＨＰ
安藤至大『これだけは知っておきたい　働き方の教科書』（ちくま新書、二〇一五年）
『経済セミナー』（日本評論社、二〇一七年八・九月号）
今野晴貴、嶋﨑量編『裁量労働制はなぜ危険か　働き方改革の闇』（岩波ブックレット、二〇一八年）
坂本光司『人を大切にする経営学講義』（ＰＨＰ研究所、二〇一七年）
清家篤『雇用再生　持続可能な働き方を考える』（ＮＨＫブックス、二〇一三年）
常見陽平『僕たちはガンダムのジムである』（日経ビジネス人文庫、二〇一五年）
鶴光太郎『人材覚醒経済　働き方だけで日本は変われる』（日本経済新聞出版社、二〇一六年）

八代尚宏『働き方改革の経済学　少子高齢化社会の人事管理』（日本評論社、二〇一七年）
ロッシェル・カップ『日本企業の社員は、なぜこんなにもモチベーションが低いのか？』（クロスメディア・パブリッシング、二〇一五年）
朝日新聞
東京新聞
日本経済新聞
Le Monde
The New York Times

図版作成／クリエイティブメッセンジャー

久原　穏（くはら　やすし）

一九六一年生まれ。東京新聞・中日新聞論説委員（経済社説）。八四年、中日新聞社入社。高山支局、静岡総局などを経て、東京経済部で日銀、大蔵省（現・財務省）、財界などを担当。二〇〇一年からフランスに社費留学、〇二～〇五年パリ特派員。経済部デスクを経て一一年から現職。共著に『「IT革命」の現実』（東京新聞経済部編）など。日本労働ペンクラブ所属。

「働《はたら》き方《かた》改《かい》革《かく》」の嘘《うそ》　誰《だれ》が得《とく》をして、誰《だれ》が苦《くる》しむのか

集英社新書〇九四八A

二〇一八年九月一九日　第一刷発行
二〇二〇年一月一一日　第二刷発行

著者……久原《くはら》　穏《やすし》
発行者……茨木政彦
発行所……株式会社集英社
東京都千代田区一ツ橋二-五-一〇　郵便番号一〇一-八〇五〇
電話　〇三-三二三〇-六三九一（編集部）
〇三-三二三〇-六〇八〇（読者係）
〇三-三二三〇-六三九三（販売部）書店専用

装幀……原　研哉
印刷所……凸版印刷株式会社
製本所……加藤製本株式会社

定価はカバーに表示してあります。

ISBN 978-4-08-721048-4 C0236
Printed in Japan

a pilot of wisdom

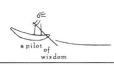